[德]莫里茨·奥滕立德 著
（Moritz Altenried）

黄瑶 译

U0165227

中国科学技术出版社
·北 京·

Licensed by The University of Chicago Press, Chicago, Illinois, U.S.A.
©2022 by The University of Chicago, All rights reserved.
北京市版权局著作权合同登记　图字：01-2022-7063。

图书在版编目（CIP）数据

数字工厂 /（德）莫里茨·奥滕立德著；黄瑶译
. —北京：中国科学技术出版社，2023.3
书名原文：The digital factory：the human labor
of automation
ISBN 978-7-5236-0047-4

Ⅰ.①数… Ⅱ.①莫… ②黄… Ⅲ.①劳动社会学—
研究 Ⅳ.① C976.1

中国国家版本馆 CIP 数据核字（2023）第 036104 号

策划编辑	刘　畅　宋竹青	责任编辑	刘　畅
封面设计	今亮新声	版式设计	蚂蚁设计
责任校对	吕传新	责任印制	李晓霖

出　　版	中国科学技术出版社
发　　行	中国科学技术出版社有限公司发行部
地　　址	北京市海淀区中关村南大街 16 号
邮　　编	100081
发行电话	010-62173865
传　　真	010-62173081
网　　址	http://www.cspbooks.com.cn

开　　本	880mm×1230mm　1/32
字　　数	155 千字
印　　张	8.75
版　　次	2023 年 3 月第 1 版
印　　次	2023 年 3 月第 1 次印刷
印　　刷	大厂同族自治县彩虹印刷有限公司
书　　号	ISBN 978-7-5236-0047-4/C·223
定　　价	69.00 元

（凡购买本社图书，如有缺页、倒页、脱页者，本社发行部负责调换）

目录

引言:
离开工厂的工人

谷歌村是谷歌在硅谷的总部，位于加利福尼亚州山景城（Mountain View），由各式玻璃、钢架建筑组成，其间点缀着缤纷的公司主题色。总部占地面积广阔，随着谷歌的发展还在不断扩建新的场所和办公楼。这里的建筑大多只有中等高度，楼宇间穿插着众多绿地、停车场和娱乐设施。总部的生活福利设施包括免费餐厅、自助食堂、健身房、游泳池、沙滩排球场、电影院和演讲厅。

2011 年，艺术家安德鲁·诺曼·威尔逊（Andrew Norman Wilson）针对谷歌村及其劳动力结构发布了名为《工人离开谷歌村》（*Workers Leaving the Googleplex*）的视频作品。[①] 视频展示了谷歌员工在谷歌村中出入各种建筑、公园和咖啡馆的景象。视频分屏的左侧可以看到员工时不时独自一人或三三两两地进出办公楼的画面。有些人会骑上谷歌为员工免费提供的自行车，还有一些人会在下班后前往谷歌的自助食堂享用免费美食，然后登上豪华摆渡车，返回旧金山。谷歌有上百辆这种摆渡车，在湾区附近和谷歌村之间运行，车上还配备了无线网络和其他便利设施。

---

① Andrew Norman Wilson, *Workers Leaving the Googleplex*, 2011, http://vimeo.com/15852288.

和其他赫赫有名的信息技术公司总部一样，谷歌村的设计灵感更多源自大学校园，而非传统的办公室或工厂建筑。据某宣传视频描述，谷歌村就是一座既有"高校氛围"又具备"无厘头"气质的"大型游乐场"。[①] 园区建筑群位于山景城，建筑结构十分符合谷歌公司对工作的理解。在描述总部的工作环境时，谷歌用到的词语包括自由、创意、扁平化结构、有趣、利于交际和创新。这些建筑旨在让"谷歌人"彼此联系，因此很少设立私人办公室。公司也鼓励员工在工作时间完成自己的计划。谷歌村的几座主楼都没有大批员工同时下班的情况，也见不到交接班的场景，只有独自一人或三三两两结伴的员工从容地进出。这就是典型的数字资本主义（Digital Capitalism）的劳动者吗？从威尔逊的视频和本书的内容来看，情况并非如此。

《工人离开谷歌村》由两个分屏画面组成。左侧展示了上文所述的情景，右侧展示的则是另外一批截然不同的谷歌员工。威尔逊当时任职于谷歌视频部门的一家承包公司。他偶然发现，隔壁的办公楼里还有另一类谷歌人在工作——也就是分屏右侧画面中出现的员工。威尔逊之所以心生好奇，是因为这些员工是成批离开办公楼的。和那些主建筑中的"谷歌人"不

---

① Google, *Google Interns' First Week*, 2013, https://www.youtube.com/watch?v =9No-FiEInLA.

同，这些在不起眼的配楼里工作的员工其实是轮班作业的，身上佩戴着黄色的身份标识工牌。谷歌的员工会被分成不同的组别，每个人都必须佩戴明显的工牌作为标记。例如，全职谷歌人佩戴的是白色工牌，威尔逊的红色工牌是发给外部承包商的，绿色工牌则是给实习生准备的。

"黄色工牌"员工（Yellow Badges）从事的工作是谷歌颇具争议的"现存图书数字化"项目。2010 年，谷歌估算世界上共有 1.3 亿册图书，并宣称计划在 2020 年之前将它们全部数字化。虽然近年来技术有了显著进步，但这一过程仍未彻底自动化，反而产生了对图书扫描工作岗位的需求。这些佩戴黄色工牌的员工被称为"扫描操作员"（ScanOps）。在其他数字化项目为了降低人工成本、将装满书籍的集装箱运往印度扫描时，谷歌却在山景城的大楼里雇用分包工人来为他们服务。

这些工人是轮班作业的。威尔逊镜头中的那批工人从凌晨 4 点开始上班，下午 2 点 15 分准时离开谷歌图书大楼。他们的工作包括给图书翻页和按下机器上的扫描按钮。某前任员工是这样描述自己的职责的："我有一系列指令要遵守，每天都得完成定量的任务。唯一改变的是要扫描的书籍。"[①] 谷歌还开发了自己的扫描技术和专利机器，可以指挥工人跟着音乐伴奏的节奏翻动书页。威尔逊很快得知，这类工人无法享受开篇

① 摘自某在线工作点评网站上一名前任扫描工人的留言，2013 年 8 月。

提到的正式谷歌员工的特权，比如免费餐食，使用健身房、自行车，享受摆渡车服务，免费演讲和参加文化活动，甚至不被允许在谷歌园区内自由活动。正如威尔逊在拍摄时发现的那样，谷歌不喜欢他们与其他雇员交谈。保安也曾阻止威尔逊拍摄和采访戴着黄色工牌的员工。后来也正是因为这次调查，他遭到了解雇。

威尔逊的分屏设计显然参考了两部有关劳动力结构的早期作品。第一部是路易斯·卢米埃（Louis Lumière）的《工人离开卢米埃工厂》（*Workers Leaving the Lumière Factory*）。这部作品通常被称为第一部真正意义上的电影。它由一个 46 秒的镜头组成，拍摄的是法国里昂（Lyon）卢米埃工厂的大门。影片中的人正在走出安托万·卢米埃摄影板和纸张有限公司（Société Anonyme des Plaques et Papiers Photographiques Antoine Lumière），且多为女工。该公司是一家成功的照片制造商。影片最初于 1895 年春天拍摄了几个版本，随后，工人离开工厂大门的场景激发了无数翻拍、创作新作品的灵感，其中最著名的是哈伦·法罗基（Harun Farocki）1995 年的影片《工人离开工厂》（*Workers Leaving the Factory*）。在这部影片中，法罗基将不同地点、不同历史时期的工人离开工厂的画面与卢米埃工厂的镜头拼接在了一起。

在我看来，这种对工厂似乎不合时宜的参考非常有趣。长期以来，工厂一直是经济与社会进步的象征，也是对资本主义社会进行批判性分析的出发点。历史学家约书亚·弗里曼（Joshua Freeman）在其深入研究工厂历史的作品《巨头》（*Behemoth*）中提到，在相当长的一段时间内，巨型工厂对塑造现代世界至关重要，一直被视为"未来的模板，为技术、政治和文化讨论设定了条件"。① 从马克思《资本论》中的英国工厂，到成为整个资本主义时期代名词的福特工厂，一个多世纪以来，工厂也是众多关键经济、社会理论和政治实践的核心。

如果福特主义（Fordism）理论的核心是工厂，那么后福特主义（Post-Fordism）理论的重点就是后工厂理论了。在对资本主义的后福特主义变形的描述中，工厂最重要的角色往往是作为反例，对劳动力和资本主义的转型进行分析。因此，工厂看上去似乎很快失去了一个多世纪以来在大多数人对资本主义的理解中所扮演的核心角色。与之相比，本书的中心方法是思考工厂的延续形式，以理解当代数字资本主义。

在撰写本书之际，谷歌对其图书数字化项目的热情好像有所下降，这一项目的规模与重要性也随之降低，但这一运行模式快速扩张。谷歌的员工队伍中有超过 10 万名像图书扫描员这样的临时工、供应商和承包商（TVC）。举个例子，这些分包工人负责抄录对话用于训练谷歌的数字助手，驾车为谷歌街景拍摄照片，检查上传至 YouTube 网站的视频是否有危险

---

① Freeman, *Behemoth*, xvii.

内容。他们中有些人在山景城园区上班，和高薪的谷歌员工邻桌而坐，有些人则在世界各地的客户服务中心任职，还有一些人居家办公。谷歌会尽可能地避免谈论这些人，将他们隐藏在砖墙和数字界面背后。他们执行的任务往往会被大多数人以为是由算法完成的。不仅是在谷歌，这类工人在其他地方也经常被忽视，尽管他们是当代数字资本主义中至关重要的一部分。因此，以下章节将关注数字工厂的所在地，比如毗邻谷歌村的那座不起眼的大楼。虽然这些数字工厂各有不同，但其劳动制度与谷歌主楼充满创意、利于沟通、光鲜亮丽的形象有着天壤之别。

进入数字工厂

本书讲述的是数字资本主义中的劳动力转型，集中论证了数字技术的影响。特别是对某些工厂而言，数字技术造就的劳动关系会具备人们以为只有传统工厂才有的特征。这些劳动场所为我们打开了观察数字时代劳动力和资本主义转型的特殊视角。关于劳动力转型的许多重要理论都在强调其创意性、交际性、非物质性或艺术性。不仅如此，各式各样的当代讨论中通常还包括这样一种观点：数字技术与自动化正在消除不需要技巧的程序化劳动。我并不否认创造性劳动对现代化或正在进行的自动化进程至关重要，但我认为这一进程既不是统一的，也不是线性的，而是在数字技术的推动下呈现出多种面向。

这就是我对开篇提到的黄色工牌员工产生兴趣的原因。本书调查的场所可能看似不像工厂，却仍旧保留着传统工厂的逻辑和运行方式，并且通常会因为数字技术的日益普及而加速运作。无论是加利福尼亚州的谷歌扫描员、德国或澳大利亚的众包工人及仓库工人、菲律宾的游戏工人及内容版主，还是英国户户送（Deliveroo）外卖骑手及搜索引擎评估员、柏林或内罗毕（Nairobi）的视频游戏测试员及优步（Uber）司机，他们都是当今数字工厂的工人。这些劳动环节均是当前政治经济学的重要组成部分，其重复性的工作内容会给从业者带来压力，无聊且情绪消耗巨大，几乎不需要什么专业资质，却往往需要大量的技术和知识，整个人都会被插入（至少目前）尚未自动化的算法结构中。在本书调查的劳动行业中，数字技术背书和实行的劳动制度与 20 世纪初的泰勒主义工厂虽然看似大相径庭，但有时又出奇地相似。这些数字技术的发展需要高度分散、精细分工和实时受控的人类劳动。这些行业通常隐藏在算法背后，被认为是自动化的，事实上它们仍旧高度依赖人类劳动——也就是我所说的"数字工厂"。分析数字工厂及其员工特征、技术基础，以及新的劳动组织形式、流动性和迁移方式，还有新的生产地理学和劳资冲突，目的是更好地从理论和经验方面理解当前这个在全球化资本主义与数字技术的相遇中被塑造出来的时代。

因此，本书的中心论点在于，数字资本主义不是工厂的终结，而是其迸发、倍增、空间重构和技术转变。工厂本质上是组织和管理生产过程与活劳动力的系统。[①] 从这个意义上来说，它既可以被理解为劳动的实际场所，也可以被抽象地看作跨时空的劳动、机械和基础设施的组织架构。利用数字技术对这个过程进行重构是本书关注的焦点。我们不太需要强调产业工厂或生产制造的数字化、自动化的重要性（比如时下流行的"第四次工业革命"或"工业 4.0"），而是要更多地强调数字工厂，探索数字技术如何改变劳动的组织、构成和空间分布。本书首先要着手陈述的，是数字技术如何让工厂的逻辑系统找到新的空间形式，比如平台（Platform）。

---

① 什么是工厂？工厂通常被理解为一座为大量工人的生产活动而设计的大型建筑。不过，在试图定义工厂的特殊性时，大规模且（部分）自动化的机械生产才是核心（参见 Gorißen, "Fabrik"; Uhl, "Work Spaces"）。现代工厂的发展驱动力之一，是体积庞大到无法被放置在私宅或小型工作室里的机械。在许多研究中，关键不在于机械的大小，而在于它如何参与并主导生产过程（参见 Tronti, *Arbeiter und Kapital*, 28; Marx, *Capital*, vol. 1, 544）。这包括劳动力与技术的角色倒置，正如马克思的简练表述："在手工业与制造业中，是工人利用工具；而在工厂中，是机器利用工人。"（Marx, *Capital*, vol. 1, 548）马克思认为，工厂是资本主义的主要结构形式，是真正包容性结构的典范。虽然在 18 世纪及 19 世纪前期的大部分时间里，工厂作为一座建筑，只是生产过程的外壳，但这种情形在 19 世纪末发生了改变。在建设"合理化工厂"的努力中，工厂变得不只是一座建筑，而是成了生产过程中一个必要的组成部分，或"主体"（参见 Biggs, *The Rational Factory*）。

在对劳动力转型的分析中，本书采用了三个核心概念，贯穿各个章节和不同的调查场所。"数字泰勒主义"（Digital Taylorism）作为本书的第一个核心概念，是通过经验和理论两个方面发展出来的。数字技术对劳动力转型有着多方面的影响；数字泰勒主义是生产管理向数字世界转变的诸多方面之一。许多新闻和学术作品都在研究数字技术对劳动的影响，关注劳动自动化或日益非物质化的可能性。与此同时，"泰勒主义"的概念也出现了小规模的复兴。[1] 如今，这个术语经常在争辩中被用来描述数字技术如何使职场监测、控制和

---

[1] 一些例子：从教育和不断变化的劳动力市场的角度来看，菲利普·布朗（Phillip Brown）、休·劳德（Hugh Lauder）和大卫·阿什顿（David Ashton）使用"数字泰勒主义"一词来形容"知识工作的产业化"（参见 Brown, Lauder, and Ashton, *The Global Auction*, 74）。戴维·诺贝尔（David Noble）也在《数字文凭工厂》（*Digital Diploma Mills*）一书中关注了教育问题。劳动学者西蒙·西德（Simon Head）同样强调软件在使劳动集约化、降低对工人的技术要求方面发挥的作用，辩称我们生活在一个"'科学管理'的新时代"（参见 Head, *The New Ruthless Economy*, 6）。针对 IT 制造业的一项研究发现了一种"灵活的新泰勒主义"（参见 Hürtgen et al., *Von Silicon Valley nach Shenzhen*, 274）。针对服务业劳动的研究发现了一种"主观化泰勒主义"（参见 Matuschek, Arnold, and Voß, *Subjektivierte Taylorisierung*），还有另外一些针对仓库劳动力的研究谈到了一种新型的泰勒主义（参见 Butollo et al., "Wie Stabil Ist der Digitale Taylorismus?"; Lund and Wright, "State Regulation and the New Taylorism"; Nachtwey and Staab, "Die Avantgarde des Digitalen Kapitalismus"）。

工作细化成为可能。《经济学人》（*The Economist*）的熊彼得（Schumpeter）专栏谨慎地写道："数字泰勒主义似乎会成为比其前身更强大的一股力量。"①

我要用这个术语描述的是，各种形式与组合的软、硬件作为一个整体，如何通过（半）自动化管理、合作和控制，让标准化、分解化、量化和劳动监测的新模式成为可能。即使数字技术允许泰勒主义的经典元素再现（比如定额化、标准化、分解化、降低技术要求，并对劳动过程进行精确监测和评估），这也不是泰勒主义的简单回归。相反，这种现象是以全新的形式出现的。因此，我在这里提及泰勒主义，并不是要论证泰勒主义的简单重生，而是试图强调数字技术如何以意想不到的方式允许泰勒主义的经典元素重新显现。算法管理以及对劳动过程的控制让传统工厂以外的资本得以通过新的形式吸纳劳动力。在许多方面，数字技术既拥有传统工厂的空间和纪律功能，又发展出了可以延伸至街道或私人住宅的协调和控制的新形式。

在对当今的数字资本主义进行分析和概念化的过程中，本书转向了一个新的视角：我们不再关注一小批工人是如何操控机器运行的，而是把关注的重点放在以算法组织大量人力劳动为特征的工作领域。与其说它讨论的是计算机化劳动的创造

① *The Economist*, "Digital Taylorism."

性与交流性，不如说它关注的是那些碎片化的、受控制的重复性工作（以及它们的创造与沟通形式）。它不太关心人工智能对未来的影响，观察的反而是如今正在训练人工智能的工人。从这些数字泰勒主义的形式出发，本书打开了一种新的视角：不再推断数字驱动下的自动化将如何取代活劳动力，而是揭示了活劳动力在当今世界中被重新分配、全新划分、成倍增加和取代替换的复杂方式。

劳动力组合方式的复杂变化可以在"劳动力倍增"（Multiplication of Labor）的分析框架内描述。这是本书提出的第二个核心概念。数字工厂能够连接不同的工人，而不必在空间或主观上使他们同化。这就是数字工厂与传统泰勒主义的关键区别：数字工厂不会产生大批的产业工人。数字技术，或者更准确地说，任务的标准化、算法管理的手段、对劳动组织过程的监督以及对结果和反馈的自动评估，允许数字工厂通过多种方式接纳形形色色的工人。因此，正是工作的标准化（"数字泰勒主义"概念化后的一个术语）让活劳动力在许多方面的倍增成为可能。

"劳动力倍增"一词源于桑德罗·梅扎德拉（Sandro Mezzadra）和布雷特·尼尔森（Brett Neilson）。[①] 他们曾用这个术语来补充人们耳熟能详的"劳动分工"（Division of Work），暗示在如

---

① Mezzadra and Neilson, *Border as Method and The Politics of Operations.*

今这个劳动与生活日益融合、劳动灵活性逐渐提高、全球化持续推进、地理分布不断变化和重叠的时代，活劳动力所具有的异质性。"劳动力倍增"的概念确实非常有效地阐明了数字技术推动下的劳动力转型，而这正是我希望在本书中展示的。

第一，这个概念间接提到了这样一个事实：数字工厂允许有着不同背景、经历和处于不同地点的大量工人在严格控制下开展标准化合作。以下文的两个事例为例，无论是配送中心还是零工经济，数字技术和自动化管理的标准化工作程序允许工人的快速吸纳与替代，因此有助于劳动力的灵活化和异质化。

第二，纵观全书，我们会发现，劳动力倍增从某种意义上来说，其实是因为许多人需要从事的工作不只一份。这通常涉及进一步模糊劳动时间与自由时间。因此，我们在许多地方都会发现，福特主义下"一份终身稳定的工作"已经被灵活劳动和不稳定的多重劳动所取代（不过，需要补充的重要一点是，福特主义的理想是在有限的时间内由特定的工人阶级劳动者实现的，受性别、种族和地理等因素的限制）。

第三，数字技术是劳动力与商品流动性重构的一个因素，无论这种重构是通过物流体系还是虚拟移民等劳动力迁移形式展开的。从这个意义上来说，劳动力倍增既包括劳动力地理分布和流动性的明显异化，也包含性别分工的重构，以及短期、分包、自由职业和其他形式灵活非常规就业的激增。

讲到这里，我们应该清楚，空间是这些发展的一个关键方面。将数字工厂理解为一个空间概念，利用数字基础设施对空间进行重构，这是本书分析的第三个核心概念。从最微小的细节到地缘政治，数字基础设施正在深刻地重塑生活中几乎所有领域的生产空间和劳动力地理分布。凯勒·伊斯特灵（Keller Easterling）的分析将基础设施重组为"基础设施空间"，不仅对理解基础设施和数字技术如何影响生产空间具有重要意义，对它们如何重新组织劳动的空间性更是如此。重组劳动分工的全球物流系统、通过亚马逊仓库精确安排工人行动的软件，以及将数字劳动带入世界各地私人住宅的众包工作平台（Crowdworking Platform），都是数字技术改变劳动空间架构的例子。[①]

如果数字技术能让工厂作为一种劳动制度摆脱混凝土的建筑形式，那么数字工厂就可以采取多种不同的空间形式。例如，平台就是其中的一种形式，如今的数字平台（比如优步、亚马逊土耳其机器人）可以跨时空组织劳动过程与社会合作。无论是对数字工厂的具体运行而言，还是对更广泛地通过数字技术重构的经济空间而言，推动这些过程的基础设施都至关重要。

----

① Easterling, *Extrastatecraft*.

在此我们可以清楚地看到，基础设施的地理分布是如何影响活劳动力的重组和倍增的。通过众包工作平台居家完成、以电脑为基础的工作在启用新的数字劳动者方面发挥了作用；网络游戏产生了不同寻常的数字劳动力和虚拟迁移形式——这些都是这方面的表现。从方法论的角度来看，关注劳动力的迁移、性别构成和其他（空间）分层与碎片化的新旧形式至关重要。尤其是在这样一个领域中，上述类别在全球化、数字化的世界里通常会被认为是过时的。

数字基础设施使劳动力的空间性在全球层面实现了深刻重组，在整合旧劳动力资源的同时，也让新的劳动力资源得以利用。这给劳动力的组织、构成及劳资冲突带来了许多后果，同时也重构了劳动力的流动与性别分工。关键在于，通过数字工厂对劳动力进行重构是一个空间重组的过程。正如阿尔伯特·托斯卡诺（Alberto Toscano）所提出的那样，当看似明显的工厂空间架构受到质疑，阶级的空间构成（Spatial Composition of Class）可能会成为核心。①

如我在本书中所言，数字工厂可以采取不同的形式。它可能看起来很像老式的产业工厂，也可能是一个数字平台或一款电子游戏。尽管在空间和构成材料上存在差异，数字工厂和产业工厂仍然存在很多的相同之处：二者都属于生产基础设

---

① Toscano, "Factory, Territory, Metropolis, Empire," 200.

施，都以组织生产过程、劳动分工以及（事无巨细地）控制与约束活劳动力的各类技术为特征。虽然数字工厂在某个特定生产流程的要素和工人可能不一定会聚集在同一座建筑里，但与传统的产业工厂相比，数字技术、基础设施和物流往往可以在人力和技术的相互作用下，拥有更高的协调性与准确性。

探索数字工厂

从亚马逊仓库到网络电子游戏，从零工经济平台到数据中心，从内容审核公司到社交网络，本书研究了数字工厂的几种实例。它们都是数字技术劳动关系的发生场所，可以被用来检验上述概念。这些场所也以独特的方式成为了解当前资本主义转型的焦点或棱镜。本书的研究案例包括：数字化物流对全球价值链日益增加的重要性；网络游戏不仅是数字劳动的重要场所，还牵涉特定的经济地理，产生了以前无法想象的劳动流动形式；数字平台在零工经济中的重要性。可以说，这些数字工厂不仅是某种特定形式的数字站点和数字化劳动场所，也是当代政治经济的焦点。尽管存在诸多差异，但这些场所通过各种方式联系在一起。全书中，我们将反复遇到相似的合同安排、计件工资的反常重现、依据相似参数运行的劳动管理软件，以及与数字经济、劳动立法或数据中心等有关的空间和基础设施问题——这些方式有时甚至会被同一家公司使用。

正是基于这种多点式的方法，让我们得以描绘数字资本主义中的劳动力转型趋势，而不只是局限于其中的一个部分。

本书使用了包括民族志（Ethnography）和访谈在内的一系列方法，结合对其他素材和基础性技术的分析，以7年多在不同地点的实证研究为基础。本书的核心研究方法是采访，尤其是与工人进行对话。在4个案例研究中，我采访了不同的工人群体：亚马逊各仓库的工人、柏林机场等其他场所的物流工人、游戏行业和众包工作平台的不同工人群体、社交媒体的内容审核员等。我还在各章中加入了与工会秘书、经理、专家和其他相关参与者的对话，作为对这些采访的补充。大部分采访都是以面对面的形式进行的，其余的则通过电话或视频展开，甚至只是通过文字聊天进行。有时，非正式的对话（例如在罢工会议外围展开的对话，或视频游戏中的聊天内容）比正式的采访更富有成效，更能提供有用的信息。

这暗示了民族志方法在调查中的重要性：只要有可能，我都会尽力亲自前往相关的数字工厂展开调查。这意味着，我要在仓库、物流园区、游戏制作办公室或工作室、工会会议和罢工活动中进行传统的（线下）观察，并为物流和游戏章节的部分内容进行实地考察（考察场所大多位于德国东部）。后面几个章节的民族志调查越来越多地转向了线上（进一步展现了数字工厂复杂、多尺度的地理分布）。我还花了几个月的时间在网络游戏《魔兽世界》（World of Warcraft）中参与游戏互动，观察"打金"（Gold Farming）这种数字地下经济。如果不深入关注这些游戏的网络空间和具体形式（不只是其数字劳动形式，还有其互动性与社交性），就很难分析网络游戏的社交世界和政治经济。有关众包工作的章节在很大程度上也是基于（自传式）在线民族志。几个月的时间里，我在不同的平台上注册成为众包工人，大量地完成任务，以了解这些平台的逻辑、基础设施和劳动过程。我的工作内容包括寻找地址和位置、在数小时内完成图片分类、训练语音识别软件、上网搜寻电话号码、为数千件时尚物品分类、转录视频文件等其他类似的任务。尽管这些平台的设计初衷是为了防止工人与同事接触，但我发现几乎每个平台都存在各种在线论坛和社交媒体社区。

对我而言，本书各个章节（尤其是与众包工作相关的章节）的重要节点和关键研究场所不仅包括游戏或平台本身，还包括由社交媒体、博客和论坛构成的周边生态环境。论坛、邮件列表和社交媒体不仅是社会化的场所，还是工人们互助、组织和抵抗的来源。他们在这些空间内相互支持、掀起斗争时展开的交流对我的研究至关重要。我的研究就是力图从（或多或少可见的）斗争中出发，努力更好地理解不断变化的条件、所需的环境和与之对应的新型策略与组织形式。在针对众包工作的章节中，这些论坛对分析网络劳动平台尤为重要。在线上计件工作的世界里，论坛是工人们相聚和讨论各种问题的地方。对论坛展开分析不仅有助于深入了解他们的社会构成和主观意见，还有利于洞察"众包工人阶层"的自我组织与反抗。

从小型设备到大型基础设施，技术是本书要研究的另一个重要内容。机械一直是组织和管理生产的主要组成部分，决定着劳动的节奏和组织方式，因此存在许多关于机械的讨论。但在数字运算和大数据无所不在的时代，组织、管理、测评、控制劳动力与社会合作的方式一直在变化，争论的形式也在不断变化。这样的发展使得针对机械的分析变得至关重要。关注不同的基础设施是旨在强调数字资本主义物质性的一种特殊方式。与"无重量"经济或"虚拟"经济不同，资本主义的数字转型其实是一个深刻的物质过程。数字设备、卫星、光纤电缆或数据中心对港口、道路和铁道等旧基础设施进行了补充。[1]在我看来，数字经济的基础设施还包括软件。近年来，软件研究突出了算法的重要性，因为它对当代政治、社会和物质结构产生了深远、复杂、多样的影响。[2]本书调查的场所需要我们了解空间的硬件基础设施、代码的软件基础设施以及二者之间的相互作用。对这些基础设施及其在生产、流通中的作用进行

---

[1]　针对数字物质基础设施，参见例如 Gabrys, *Digital Rubbish*; Hu, *A Prehistory of the Cloud*; Mosco, *To the Cloud*; Parks and Schwoch, *Down to Earth*; Parks and Starosielski, *Signal Traffic*; Starosielski, *The Undersea Network.*

[2]　软件方面的一些重要观点，可参见 Dodge and Kitchin, *Code/Space*; Fuller, *Software Studies*; Fuller and Goffey, *Evil Media*; Parisi, *Contagious Architecture*; Terranova, "Red Stack Attack!"

研究十分重要，却往往困难重重，因为它们经常以各种方式隐藏于人们的视线之外，被多层代码和混凝土所掩盖。

对于许多用于组织、控制和评测劳动力、生产与物流的软件架构来说，情况尤为如此。这些软件通常是不透明的，有时甚至对其使用者也一样，因此研究它是一项挑战。在整个研究过程中，我首先尝试通过采访与这些数字基础设施相关的各个用户群体来了解设施的功能。在许多情况下，面对支配自身工作的算法和基础设施架构，工人就是解读其功能的最好的专家。事实还证明，民族志方法——比如我亲自参与网络平台或游戏工作来操作这些算法——很有价值，至少能让我对编码逻辑进行一定程度的推测。这通常涉及研究软件构架的第二种重要方法，即对算法进行实验，甚至还要试图展开还原工程（Reverse-Engineer）（有时只是简单地玩一玩，测试输入不同的信息会引起什么反应）。需要强调的是，上述方法和本书在软件方面的其他研究形式，都受到我在编码领域专业知识上的限制。[1]

事实证明，在理解各种数字工厂的运行时，分析一系列补充材料（比如工会出版物、新闻稿、经济报告、劳动合同、法律诉讼）也会富有成效。众包工作平台或内容审核服务供应商的隐蔽运作有时会被起诉、检举，被调查记者和研究人员揭

---

[1] 关于主要从社会科学的角度研究算法的方式与问题的有益概述，参见 Kitchin, "Thinking Critically about and Researching Algorithms."

露。后者是本书研究的重要来源，尤其是对社交媒体平台隐秘的内容审核领域而言。在研究其他受保护的算法和基础设施时，专利作为一个信息来源，起到了巨大的作用。亚马逊等企业很少公开其配送中心或电商平台使用的软件，但会在提交的大量专利文件中透露有关这些软件的很多内容。分析亚马逊和其他公司的专利文件，不仅可以收集到相关软件的信息，还能得到有关硬件基础设施的信息。事实证明，这有助于理解配送中心和亚马逊在不同地区的运营。

本书采取的研究手段显然是实验性的，因为它汇集了不同的研究地点和方法，对全球资本主义变革的动态过程进行了广泛的分析和概念化。我深信，我们有必要接受这一挑战，认真研究劳动和斗争的具体场所，同时努力将对这些场所的分析置于对全球资本主义变革更广泛的理解范围之内。人类学家罗安清（Anna Tsing）在论文《供应链与人类境况》（*Supply Chains and the Human Condition*）中提问："我们如何能在不忽视其异质性的情况下想象全球资本主义有多'庞大'（即其普遍性和规模）？"她提出了"供应链资本主义"（Supply Chain Capitalism）的概念，从理论上说明了"当代全球资本主义的跨洲规模和构成多样性"，以及"资本、劳动力和资源流动性的区别所发挥的结构性作用"。[①] 戴维·哈维（David Harvey）

---

① Tsing, "Supply Chains and the Human Condition," 150, 148.

承认差异在结构上的重要性，以及影响这些差异的因素的重要性，把资本主义称为"碎片化的工厂"。[①] 将资本主义理解为一种持续扩大其影响范围的累进式生产方式对本书至关重要，我的研究反过来也有助于从理论和经验上更好地理解当代资本主义的转型。

寻找数字工厂不意味着忽略近几十年的变化（比如，许多大型工厂——尤其是在发达国家——的严重衰落和转移），或忽视以工厂为中心的理论和政治观点的缺陷。通过"数字工厂"（Digital Factory）一词，我想要寻找独特的连续性和新的群体，以理解数字技术给劳动领域带来的不同程度的深刻影响。和任何理论与研究方法一样，本书的描述与视角必然存在缺陷，但对许多人来说还是很有价值的。

不过，和其他研究一样，我的工作并非从零开始，而是建立在丰富的经验和理论研究传统上。对此，我深表感激。本书的一个关键出发点和来源是意大利推崇工人阶级利益社会观的马克思主义（Workerist Marxism），及其自 20 世纪 60 年代至今努力适应战后意大利社会生产变革（等问题）所付出的努力，还有它在社会斗争的驱动下，对技术和政治变革的动态理解。最近，一些作者从这一传统出发，围绕后福特主义中的劳动力转型展开了讨论，其中最引人注目的是"非物质劳动"

---

① Harvey, *Spaces of Capital*, 121.

（Immaterial Labor）这一重要概念。① 该词必须被放置在"大众智能"（Mass Intellectuality）和马克思思想中"一般智力"（General Intellect）等后工人主义的思想背景下理解。② 它们所指的都是已达到更高合作水平的社会生产涉及的创新与交流形式，其运作越来越独立于资本的控制。正如安东尼奥·内格里（Antonio Negri）所说，如今"我们面临着一种新的工作技术构成：它是非物质的，以服务为基础，具有认知性与合作性，自主且自行定价"。③

围绕非物质劳动及其理论生态学观点展开的丰富辩论，在许多方面都是本书的核心出发点。但我很快就会偏离这个出发点。在这些辩论中，理想的非物质工作从业者（比如设计师、程序员）通常是发达国家的城市工人，素质高却不稳定，其特点是交际性和创造性劳动，而且他们的工作与资本的直接控制保持着距离。从某种意义上来说，本书描述的是与之迥然不同的一类劳动者。例如，"数字泰勒主义"一词突出了数字时代的其他品质和劳动领域。我的研究的兴趣点在于，数字技术（以其最先进的形式）如何产生劳动关系。例如，这种劳动关系的特征之一是对整个劳动过程进行严格控制，同时对任务

---

① 可参见 Lazzarato, "Immaterial Labour"; Hardt and Negri, *Empire*.
② 可参见 Virno, *A Grammar of the Multitude* and "General Intellect."
③ Negri, *Goodbye Mr. Socialism*, 114, 译文修正。

进行配额化和分解。说到这一点，我们的焦点就要转移到另外一类工人群体身上。与其说这是对非物质劳动理论的批判，不如说是对研究焦点和视角的补充。

据此，我的研究基础是尼克·戴尔－韦瑟福德（Nick Dyer–Witheford）、乔治·卡芬茨（George Caffentzis）、乌苏拉·休斯（Ursula Huws）和莉莉·伊拉尼（Lilly Irani）等人的著作。在他们重点关注的劳动场所中，数字化催生的劳动条件不以自由交流和创造力为标志，而是以降低对工人的技术要求、程序化和控制为特征。[①] 当然，在这些较新的方法背后，本书还有一个可能不太明显但非常重要的来源，那就是在广泛采用数字化技术之前，针对技术与资本主义间关系展开的丰富研究。这些讨论包括早期的意大利工人主义作品，其中的"社会工厂"（Social Factory）概念为我们提供了一个研究围墙之外的工厂的早期范例。当然，还有哈里·布雷弗曼（Harry Braverman）对泰勒主义的尖锐批判。[②]

与这些方式一致，我的作品也展示了数字时代劳动力的不同组成方式，阐明了被理论化为"数字泰勒主义"的发展趋

[①] 可参见 Caffentzis, *In Letters of Blood and Fire*; Dyer-Witheford, *Cyber-Marx*, "Empire, Immaterial Labor," and *Cyber-Proletariat*; Huws, *The Making of a Cybertariat,* "Logged Labor," and *Labor in the Global Digital Economy*; Irani, "Justice for 'Data Janitors.'"

[②] Braverman, *Labor and Monopoly Capital*; Tronti, *Arbeiter und Kapital*.

势。我认为，数字技术——尤其是形式最先进的数字技术——创造了一系列不尽相同的劳动力格局。在这些情况下，新的数字泰勒主义是与更自主的（非物质）劳动形式并存的。将数字泰勒主义描绘为一个重要领域，并不意味着我认为它是一种占支配地位的劳动形式，只是说作为众多趋势中的一种，它的重要性与日俱增。因此，数字泰勒主义是与其他明显不同的劳动制度并存。多种多样、形形色色的碎片化劳动制度的存在既不是偶然，也不单纯是发展不平衡的结果，而是资本主义发展过程中一个重要特征，而且会随着时间的流逝变得越来越重要。

本书

本书的内容由引言、4个章节的案例分析和结论部分组成。第1章"全球工厂"将焦点转向物流领域，自20世纪60年代以来，集装箱和算法作为发展的关键要素，使物流成为全球资本主义的中心。这一章的第一个研究重点是亚马逊配送中心的劳动力和工人斗争，尤其是柏林附近的一处物流配送中心。配送中心是将大量人力投入物流系统的重要场所，并且越来越多地依赖算法组织结构。作为软件管理下的物流劳动关键场所，配送中心既涉及微小的细节，又关乎全球供应链水平。与此同时，由于工作条件等问题，亚马逊配送中心长期存在着劳资冲突。这一章的第二部分将重点转向了供应链："最后一英里"交付服务。随着网上购物的兴起，"最后一英里"已经成为城市物流运作的关键点，也是高度灵活的劳动力激烈竞争的场所。基于应用程序的劳动形式大大提高了物流劳动的灵活性，使得物流成为零工经济体系中的重要元素。

在接下来的章节"游戏工厂"中，我将讨论电子游戏产业中的劳动和政治经济。本章的两项研究重点分别是德国游戏产业中的数字从业者和所谓的"金农"（Gold Farmer，一类电子游戏职业玩家）。德国的案例主要关注柏林和汉堡游戏工人的工会组织与斗争情况。本项研究的核心不是著名的游戏设计师和艺术家，而是一支供职于质保部门的测试团队，其工作是通过玩游戏来发现错误。和柏林的质保部门相比，"金农"付出的劳动更加单调，令人筋疲力尽，其特点是工作时间长、工作纪律严格。这些职业玩家（金农）要赚取游戏内的物品，出售给想在游戏中晋级的玩家（主要为西方玩家），结果形成了一个复杂的经济地理局面：数字工人（职业玩家）成了西方服务器的虚拟民工，在为数字服务领域工作的同时，还要面临种族主义者的辱骂。本章分析了这种数字地下经济的特殊性质，以及它作为网络游戏政治经济的一部分对网络移民和种族主义问题的重构，包括对其产生的具体劳动和流通形式的重构。

下一章"分散的工厂"与众包工作有关。众包工作平台是一种将任务分配给全球数字工人的数字平台。这些工人大多通过个人电脑居家办公，是人工智能生产与培训过程中重要却隐秘的组成部分。平台任务的特点是分解、标准化、自动化管理和监控，以及超灵活的合同安排。本章研究了众包工人的构成，并指出，第一部分提及的工作组织正是劳动力倍增的原因。平台作为数字工厂，有能力组合高度异质化的工人，同时避免在空间和主观上同化他们的需求。因此，众包工作能够使用雇佣劳动至今几乎无法利用的劳动力资源。例如，兼顾家庭责任的母亲如今可以在完成家务的同时在众包工作平台上工作。近年来移动互联网基础设施在发展中国家的扩建，也为挖掘大量潜在的数字工人提供了机会。

接下来的"隐形的工厂"针对的是社交媒体中的劳动力。社交媒体的政治经济往往藏在仇恨言论、隐私和数据保护等相关论题之后——即社交媒体的（软件和硬件）基础设施，以及隐藏其中的劳动力。通过研究代码、数据中心和内容审核背后的劳动力，本章阐明了对社交媒体和其他数字经济领域至关重要却往往十分隐蔽的劳动形式。在这些基础设施中，我们还发现了另一些劳动形式，比如内容审核员或"评估员"（Raters）——改进搜索算法的工人。他们和为谷歌公司扫描图书的黄色工牌工人有着相似之处。

结论部分综合理论与实证分析，指出数字资本主义的特征不是工厂的终结，而是它的迸发、倍增、空间重构以及面向数字工厂的技术转变。数字工厂可以采取截然不同的形式,看起来很少类似于传统的工厂建筑。其中一个越来越重要的形式是平台,纵观全书,我们会看到许多不同形式的平台,它们有可能就是当今数字资本主义下的典型工厂。结语还评估了新冠病毒感染对前几章所述发展的影响。

综上所述,本书的各个章节概述了数字工厂灵活多变的形式:配送中心、电子游戏、网吧、数字平台、数字居家工作者的卧室。这些"工厂"的工人群体形形色色、各不相同,往往分布在不同的地方。尽管如此,数字工厂作为一种基础设施,能将这些工人同步到由算法组织起来的生产制度中。正是在这一点上,我们发现,尽管有各种不同,存在地域差异,各个数字工厂在劳动的组织、分配、分工、控制和再生产方式方面仍拥有共同的特性。也正是通过这一点,我们看到了劳动制度作为数字资本主义在重组社会分工、地理分布、阶层斗争的过程中的关键组成部分所展现出来的轮廓。

第 1 章
全球工厂：物流

前段时间，美国社会学家托马斯·莱弗（Thomas Reifer）在一次演讲中推测，如果卡尔·马克思在今天写下他最重要的作品，开篇可能会有所不同。众所周知，《资本论》第一卷的著名开篇写道："社会财富主要表现为'庞大的商品堆积'。"[1]莱弗指出，这种财富如今更多地表现为"庞大的集装箱堆积"。[2]对马克思而言，商品不仅仅是物品。与之相似，集装箱也不仅仅是用来存放物品的箱子。就其物质和象征功能而言，在集装箱所代表的当代资本主义中，商品的流动正扮演着日益重要的角色。集装箱是全球资本主义物流转型的象征与前提。因此，它成了一种典范，代表了通过物流运作和基础设施调动的世界，也象征着物流的兴起。

在试图体现这一转变的过程中，集装箱成了一个中心元素、一个全球化的标志、一个全球贸易无处不在的象征，以及力图描绘当今全球资本主义的艺术对象。2013年冬天，一家自称"未知领域部"（Unknown Fields Division）的流动式设计工作室登上了一艘集装箱运货船，随后发表了一篇调查文章。这篇名为《漂浮的世界》（*A World Adrift*）的文章以传播和集

---

[1] Marx, *Capital,* vol. 1, 125.

[2] Reifer, "Unlocking the Black Box of Globalization."

装箱为出发点，分析了当代资本主义的空间和领土特征。他们乘坐的这艘标准货轮名为"冈希尔德·马士基号"（Gunhilde Maersk），装载了上万个集装箱，体现了集装箱在货品流通中的核心作用。在冒着烟的工厂烟囱的背景下，一排排连绵不绝的集装箱高高摞起，由起重机装卸，似乎没有任何人为的干预。这样的物流景观以钢铁和标准化、巨型机械的节奏和渺小的人类劳动力为特征，构成了"真正抽象"的空间，似乎使抽象的资本逻辑得以具象化。[①]

"未知领域部"工作室显然对集装箱源源不断的供应景象十分着迷，但他们谨慎地避免了将无数集装箱构成的机械景观当作事情的全貌。集装箱的进出与生产出口产品的工厂景象是相辅相成的。与另一名集装箱记录者、艺术家、电影制作人艾伦·塞库拉（Allan Sekula）相似，该工作室打破了物流景观的单一视野，关注物流业的非主体部分及其与相邻空间、人口之间的不稳定关系。"未知领域部"还参观了一家超大型购物中心。这家超大型购物中心暗示了这样一个事实：商品的流动并非是自然而然的。这项研究的关键之处可能在于，人类劳动在面对巨型的技术基础设施时还能持续发挥核心作用。塞库拉与"未知领域部"都强调了活劳动力在生产与物流体系中持续扮演的核心角色。工厂与海港的工人、集装箱货运船上的工人

---

① Toscano and Kinkle, *Cartographies of the Absolute*, 201.

都是物流系统的关键组成部分，也有可能是未来参与阻断物流的人。

本章探索的是物流的兴起，以及在由集装箱和算法驱动的自动化背景下，物流劳动力的持续存在与转变。尽管我对集装箱和代码所体现的标准化、抽象逻辑很感兴趣，但本章致力于表达的观点与无休止的物流流通构成的和谐画面正好相反。物流的结果既不是平稳的全球化过程，也不是边界消失的过程，反而是边界倍增和灵活化的过程——就像物流不意味着劳动的终结，而是意味着劳动的替代、倍增和灵活化。这一观点不仅是本章的中心，也是全书的核心。它暗示了这样一个事实：集装箱化牵涉的许多逻辑在数字化的各个过程中都能找到。因此，和抽象技术一样，集装箱和代码的相似性不仅体现在同化需求方面，还体现在它们如何造成异质性和碎片化。本书在许多方面都会提到通过集装箱、代码、软件和基础设施形成标准化、同质性和多式联运的过程，这个过程也让空间和劳动的倍增与异质化成为可能。

劳动力对物流的运作仍旧至关重要。尽管人们致力于发展自动化，但劳动力对于维持流通仍是重中之重。在本章中，我们将到访物流劳动的各个场所，其中最重要的是作为供应链关键节点的配送中心。和其他物流劳动场所一样，数字技术正深刻地改变着那里的劳动制度和劳动过程。事实证明，数字泰勒主义和劳动力倍增都是物流基础设施背景下的关键原理。接下来，本章将跟随货物离开配送中心，踏上它们"最后一英里"的旅途，到达顾客的家门口。近年来，由于网络购物的兴起和亚马逊、Foodora外卖、户户送外卖等平台的扩张，"最后一英里"交付服务已经成为城市物流运营的关键点。交付服务的重要性和时间敏感性不断增强，重新设定了城市空间与劳动的关系。因此，"最后一英里"的特点一方面包括紧迫的时间压力、标准化、算法管理和数字监控，另一方面则是由平台造成的不稳定性和灵活化。

不过，在详细研究物流过程中的劳动力之前，我们有必要从物流作为一个行业的兴起入手，勾勒出往往被称为"物流革命"的历史过程。该过程不仅涉及一个行业的转变，更重要的还有资本主义本身的转型。在研究集装箱和算法作为物流行业崛起的关键技术时，本章首先要大致追溯物流是如何成为一个关键的经济领域的，以及它如何渗透并从根本上塑造了今天的资本主义。

集装箱，或物流革命

1956年4月26日通常被认为是集装箱货运的起始日。这一天，一艘改装过的油轮驶出新泽西州（New Jersey）的一处港口，甲板上固定的58只钢制箱子可以用起重机直接装卸到卡车上。这种方法的创造者是运输企业家马尔科姆·麦克莱恩（Malcolm McLean）和罗伊·弗鲁赫夫（Roy Fruehauf）。他们的创新之处其实并不多，只不过是用旋锁固定住可堆叠的钢箱，让它们可以通过专门的起重机直接从火车或卡车上被转移到船上。这算不上什么特别新奇的技术。集装箱系统及其标准化方面的尝试已经存在了一个多世纪。但麦克莱恩和弗鲁赫夫的方法最终占了上风。美国军方在这一次的成功中发挥了重要作用，因为他们需要为了适应越南战争而对集装箱系统进行改进。从 1968 年至 1970 年，国际标准化组织（ISO）提出了 4 项标准，为我们如今使用的联运船运集装箱奠定了基础——标准箱（TEU）大约有 20 英尺长，是用于计算装载量和运输量的标准集装箱。

联运集装箱极大地改变了港口的面貌。转运所需的时间和空间大大减少，所需的劳动力也大幅缩减。尽管一些工会试图推迟或规范集装箱化的过程，但最终都以失败告终。从这个意义上来看，集装箱化也意味着港口劳动力组织遭受了沉重打击。这些组织通常是整个工会运动中激进的国际主义者，比如国际码头工人工会。由于集装箱化，港口作为空间、工作场所和转运点迅速发生了显著变化。与此同时，集装箱开始在货运中发挥越来越大的作用。如今，几乎所有的国际贸易都是围绕标准化集装箱展开的。九成的普通货物都由货轮集装箱运输，而货轮集装箱运输又占全球货物运输的九成。主要港口（如汉堡、鹿特丹）每天能处理 2.5 万个标准集装箱。集装箱化也推动了航运公司的崛起。前文中搭载"未知领域部"研究团队出行的集装箱货轮冈希尔德·马士基号，就是马士基航运公司旗下的一艘船只。该公司是如今全球最重要的航运公司之一。尽管马士基操控着 600 多艘运载量超过 260 万标准箱的货轮，在 100 多个国家和地区设立了办事处，雇用了数万名船员和其他员工，但（和许多物流企业一样）在公众中却鲜为人知。这也说明，虽然物流的运营和基础设施在许多领域都是关键的一环，但只有在出现问题时才会为人所知晓。借用奈杰尔·斯里夫特（Nigel Thrift）的概念来说，身处这种境况之中的物流运作和基础设施是全球资本主义"技术无意识"（Technological Unconscious）的一部分。[1]

运输集装箱是全球化的基本技术前提和标志，代表了标准化和模块化的原则，有助于全球流通的大规模增长和加速。同样，它也是 20 世纪第二轮全球化的先决条件。对集装箱和物流革命的关注会带来一种截然不同的全球化视角。虽然大多数针对新自由主义全球化的论述都集中在自由贸易协定、结构调整计划以及相应的世界银行、国际货币基金组织这样的机构上，但这种非传统叙述更强调集装箱等技术和物流的崛起，因而更重视上述的国际标准化组织和跨国航运公司。这样的视角使从物质方面追溯全球化史成为可能，从而为许多标准叙事提

---

[1]　Thrift, *Knowing Capitalism*, 213.

供了重要的附录。

尽管处于核心位置，但集装箱只是构成物流革命的诸多因素之一。用地理学家黛博拉·考恩（Deborah Cowen）的话来说，物流革命是"20世纪研究最不充分的革命"。[①] 虽然运输、分配和储存问题几乎对每一种经济活动都至关重要，但"物流"（Logistics，也可译作"后勤"）一词在历史上并非源自民用经济，而是源于军事活动。军队和辎重的长途转移、物资的运输、对街道与桥梁的控制——这些都是战争的决定性因素。在此背景下，"物流"一词最早出现在19世纪（甚至更早的时候）。物流的另一个起源来自民间的邮政系统。在这个问题上，以运输为目的的空间测量或地图测绘很早就出现了。斯蒂芬诺·哈尼（Stefano Harney）和弗雷德·莫滕（Fred Moten）还提出过物流的其他来源，即横跨大西洋的奴隶贸易。[②]

如我们所知，物流最新的、有关经济活动的起源可以追溯到20世纪五六十年代主要发生在美国的"物流革命"（Logistics Revolution）。它之所以会从军事领域转移至民用经济领域，很大程度上是因为军队中的许多后勤专家在第二次世界大战后进入了民用经济领域。到目前为止，运输和存储通常被视为生产

[①]　Cowen, *The Deadly Life of Logistics*, 23.

[②]　Harney and Moten, *The Undercommons,* 110.

之后要以尽可能低廉的成本完成的事情，因此在"物流"的标签下，人们想出了一套完整的新供应链架构，包括设计、订购、生产、运输和仓储，以及销售、改进和追加订购。物流越来越多地将整个生产和运输过程定义为某种需要计划和分析的东西。这种观念的转变产生了现代物流业的原则，发动了变革，如今被归为"物流革命"。[1]

在 20 世纪五六十年代，这种变化开始流行。当时，物流以管理范式的形式出现，成为学术研究的课题，并第一次与数字计算系统相联系。物流已经日益成为经济计划的一个核心方面，被纳入了知识和基本原理的范畴。从运输到物流，"从基本上是事后补充的步骤，到需要精确计算、能够决定想法的实践"，这一转变描述了商品的实物流通如何在资本战略中逐渐占据一席之地。[2] 物流不再是生产后必不可少的运输步骤，而是实现剩余价值的关键要素。[3] 生产、流通和日益增长的消费进一步结合起来，可以被视为物流革命的中心效应——顺便提一句，这种趋势在马克思关于"交换的物质条件"的零散评论

---

[1]　Bonacich and Wilson, *Getting the Goods*, 3.

[2]　Cowen, *The Deadly Life of Logistics*, 30, 原著重点强调。

[3]　Cowen, 2.

中体现得十分明显。① 显然，生产总是包括运输的步骤（比如流水线）。但如今的物流又产生了一种新趋势，用黛博拉·考恩意味深长的话来说，即商品可以"在整个物流空间内制造，而不是在某个单一的地方制造"。② 这暗示了，在物流的重要性日益增长的同时，生产与流通之间的区别也变得越来越模糊。

---

① 当我们试图从马克思关于这一话题的零星评论（尤其是《政治经济学批判大纲》和《资本论》第 2 卷）中推导出一种物流（而非简单运输）理论时，物流本身似乎就具备独立的生产能力，同时又是一种很难在生产过程中从概念上加以描述的东西。他为自己提出的问题做出了肯定的答复［"Can the capitalist valorise the road（*den Weg verwerten*）？" Marx, *Grundrisse*, 526, 译本修正］。改变商品位置的过程本身就是一种商品："商品的'流通'，即它们在空间中的实际移动，可以被理解为商品的运输。一方面，运输行业形成了一个独立的生产部门，因而形成了资本投资的一个特殊领域。"（Marx, *Capital*, vol. 2, 229）另一方面，也许更重要的是，资本的扩张主义逻辑产生了一个过程，让人越来越难以区分生产和流通。对马克思而言，"以资本为基础的生产的前提是……不断扩大的流通领域"（Marx, *Grundrisse*, 407, 原文重点强调）。因此，正如马克思经常被引用的一句话："创造世界市场的趋势直接体现在资本本身的概念中。每一个限制似乎都是一个需要克服的障碍。"（Marx, *Grundrisse*, 408, 原文强调）在一个较少被引用的段落中，他接着指出，这个过程有一种"将生产的每个关头都置于交换之下"的倾向，直到最后，"贸易不再作为一种功能发生在独立的生产之间、为了交换剩余部分，而是作为一种本质上包罗万象的前提和生产本身"。（Marx, *Grundrisse*, 408, 添加强调；see also Altenried, "Le container et l'algorithme."）
② Cowen, *The Deadly Life of Logistics*, 2.

算法，或第二次革命

如果集装箱化可以被理解为物流崛起的一个关键因素，那么数字技术的兴起无疑就是另一个因素。简而言之，你可以认为物流的计算机化带来了第二次物流革命，再次深刻改变了物流行业和全球商品流通。按照这个逻辑，数字计算在某种意义上与集装箱相似：标准化、模块化、按程序处理。在物流领域，数字技术的传播速度参差不齐、程度各异，但如今已经渗入大多数物流业务中，促进了全球流通的进一步加速。这包括对配送中心的单个产品追踪和对个体工作过程的细致把控，以及监督、分析和协调整个供应链复杂的软件构造。数字技术凭借其独特的基础设施，对社会、空间和政治都产生了影响。在物流领域，它们主要服务于组织、评测、控制和预测货物（及人员）的移动。这些系统在整个供应链中的相互联系越来越紧密，同时自主性越来越强，产生了越来越让人无法监管的后果。

物流的数字化包括许多方面，比如航运软件、企业资源规划系统（ERP）、全球定位系统（GPS）、条码、（后来的）无线射频识别技术（RFID）及其相应的基础设施。媒体理论家内德·罗西特（Ned Rossiter）将所有这些用于组织、记录和控制人员、资金及物品流动的技术称为"物流工具"。[①] 物

---

① Rossiter, *Software, Infrastructure, Labor*.

流工具既包括小型设备，也包括越来越复杂的物流管理软件。能够展现算法管理重要性的一个例子就是 ERP 软件系统，一种数字化的实时平台，旨在将公司的各个部分（比如财务管理、物流、销售、人力资源、物资管理、工作流程计划）整合到一个程序之中。一般来说，ERP 是由少数公司生产的昂贵的专用软件。其中最重要的参与者之一是德国的思爱普公司（SAP）。该公司宣称，在《福布斯》（*Forbes*）全球 2000 强的公司中，87% 都在使用它的各种软件产品。[①] 马丁·坎贝尔—凯利（Martin Campbell - Kelly）认为，和微软公司的产品相比，思爱普软件的重要性与其名声成反比。他推测，如果思爱普公司的 ERP 系统不复存在，需要数年的时间才能找到替代品，填补全球经济中的缺口。相比之下，微软公司被广泛使用的软件可能几天之内就会被取代。[②]

ERP 系统和类似的软件功能通常都是不透明的，就连对其使用者也一样。尽管这些软件的架构有时十分复杂，可以处理高度偶然性的事件，但它们遵循的是一种趋向于抽象和标准化的特定逻辑。因此，协议、参数、标准、规范是半自动化管

① 摘自某公司的出版物，题为 SAP: The World's Largest Provider of Enterprise Application Software. SAP Corporate Fact Sheet, 2017, https://www.sap.com/corporate/en/documents/2016/07/0a4e1b8c-7e7c-0010-82c7-eda71af511fa.html.

② Campbell-Kelly, *From Airline Reservations to Sonic the Hedgehog*, 197.

理系统组织货物与劳动力的关键。物流工具旨在监控、测量和优化劳动生产率与供应链运行，是组织物流劳动力的重要组成部分。[①] 正如本章所阐述的那样，数字技术在将活劳动力引入物流运作的过程中发挥着至关重要的作用。与此同时，劳动过程的标准化和实时监控恰恰是该行业劳动力非常灵活与倍增的原因。

和集装箱一样，算法对物流运行的大幅度加速和持续增长发挥着必不可少的作用。它们也是标准化和模块化的技术，促进了物流作为现代资本主义核心环节的崛起。集装箱和算法是全球化不可或缺的基础设施，对经济的广泛变化起到了重要作用。在集装箱和算法的推动下，物流革命带来的一个重要影响是权力在产品生产公司与销售公司之间的转移。零售巨头亚马逊和沃尔玛是当今经济中规模最大、最重要的两家公司。它们的崛起与物流革命密切相关，生动地体现了这种权力的转移。

零售的崛起

零售巨头沃尔玛之所以能够成为全球最大的创收公司，与船运集装箱密切相关。该公司的低价批发经营模式以批量

---

① Rossiter, *Software, Infrastructure, Labor*.

生产产品的进口为基础,每年仅从美国就要进口约 70 万个标准集装箱。沃尔玛表面上是一家零售企业,实质上是一家物流公司,其战略基础在于有效的即时物流、仓储空间的最小化和基于大数据的客户行为预测。和其他大型零售商一样,沃尔玛致力于控制整个供应链,规定大多数制造商的生产和采购条件。该公司的崛起可以归因于物流策略,是物流革命引发转变的结果。在生产与分销日益相融的过程中,主导供应链、为制造商设定条件的通常是沃尔玛或亚马逊这样的大型零售商。黛博拉·科恩将物流革命形容为"经济空间内的计算与组织革命",简单且有针对性地证明了沃尔玛在全球供应链、门店与配送中心的地理分配以及创新销售构架方面的战略。[①]

该公司空间规划的核心围绕配送中心、受到严格控制的供应链以及创新的计算机库存管理展开。公司还雇用了 2000 多名数据专家来分析、预测顾客的需求和喜好模式,以自身数据中心存储的大量数据为基础,准确预测顾客的行为。这一切都是为了加快货物的周转、减少仓储成本——二者是让沃尔玛成为目前为止全球收入最高的公司的关键因素。沃尔玛的物流网络受巨大的数字基础设施驱动,该基础设施可以生成和处理大批量数据,将其用于组织流程、提高效率和进行预测。例如,一家本地沃尔玛中心能投射出 70 万亿字节的信息

---

① Cowen, *The Deadly Life of Logistics*, 23.

阴影（Information Shadow）。① 沃尔玛很早就认识到数字信息和通信在现代即时物流中的核心作用。早在 1987 年，它就建立了自己的卫星网络，价值 2400 万美元，是当时全球最大的私营网络。②

相反，亚马逊的崛起〔其创始人杰夫·贝佐斯（Jeff Bezos）曾受到沃尔玛的鼓舞〕与电子商务的兴起有关。就收入和市值而言，亚马逊是目前全球最大的企业之一。该公司最初是一家网络书店，如今进一步提供广泛的服务和产品。例如，亚马逊网络服务公司（AWS）是全球市场中数据中心和云计算基础设施最重要的所有者之一。虽然该公司并没有引起公众的关注，但它已经使得亚马逊成为全球范围内最重要的云计算服务提供者，其客户范围包括流媒体平台网飞公司（Netflix）和美国中央情报局（CIA）。亚马逊拥有涵盖专业软件、数据中心甚至高速海底电缆在内的高利润基础设施。

亚马逊还能提供品种多样的其他服务和商品，甚至已经开始在"亚马逊自营产品"（Amazon Basics）的标签下出售自有品牌的服装和消费品。随着亚马逊无人超市（Amazon Go）的推出，该公司开设了第一批实体"智能"商店，在顾客离店

① Holmes, "Do Containers Dream of Electric People?", 41.
② 关于沃尔玛的历史与现状，另参见 Brunn, *Wal-Mart World*; LeCavalier, *The Rule of Logistics*; Lichtenstein, *The Retail Revolution*.

时利用传感器自动收费，因此不再需要收银员。亚马逊还生产电子产品，比如 Kindle 电子书阅读器、平板电脑和智能家居应用软件 Echo。通过 Echo（该系统的语音助手名为 Alexa），亚马逊站在了面向消费者的人工智能领域最前沿。该领域很有可能成为不断壮大的亚马逊帝国的另一个中心支柱。和其他部门一样，亚马逊可以挖掘的大量数据对其业务和扩张战略至关重要。

凭借"Prime 视频"部门，亚马逊还成了电影和电视剧的制片人，其作品多次获得奥斯卡金像奖和金球奖。这些业务紧密交织，构成了一个由媒体、设备、内容和应用组成的生态系统。作为这个系统的中心，无处不在的购物平台无疑仍是亚马逊商业模式的核心。在亚马逊 Prime 电影和电视剧的内部制作会议上，贝佐斯发表讲话，介绍了这种生态背后的战略思想。他解释道："我们能以一种不同寻常的方式将这些内容货币化。赢得金球奖有助于我们卖出更多的鞋。"[1] 他的意思是，订购亚马逊 Prime 服务的消费者也会在其平台上购买更多的东西，而成功的电影和电视剧能够吸引更多的人购买 Prime 服务并成为会员（仅美国就有超过 1 亿名 Prime 会员）。这说明了亚马逊

---

① Recode, "Jeff Bezos vs. Peter Thiel and Donald Trump | Jeff Bezos, CEO Amazon | Code Conference 2016," 2016, https://www.youtube.com/watch?v=guVxubbQQKE&.

的商业模式是如何继续围绕电子商务平台展开的。平台的优势来自种类繁多的产品，几乎涵盖了人们可以想象到的所有商品，其中数以亿计的商品都可以在线购买。平台背后是庞大的物流基础设施，使商品能够以更快的速度到达客户手中。在这一基础设施中，该公司的配送中心非常重要。

圣诞节购物热：进入配送中心

每年的 12 月是亚马逊配送中心的特殊时期。这种巨型仓库在公司的行话中被称为"订单履行中心"。每逢这个季节，订单履行中心都要经历一年中最繁忙的阶段。储存在订单履行中心的产品经网站销售后，需要尽快发货送到客户手中——这是网络供货与线下购物之间的主要竞争点。和许多实体店一样，圣诞节前后是网络销售最重要的节点。2014 年的圣诞季对布里斯朗（Brieselang）的订单履行中心而言格外动荡。布里斯朗是德国首都柏林附近的一座小城市，而德国是除美国外亚马逊最重要的市场。布里斯朗订单履行中心成立于 2013 年，是亚马逊在德国的众多订单履行中心之一。它的位置距离柏林足够近，能够快速发货；但又足够远，能够享受德国东部乡村的廉价房租和一般工资。2014 年 12 月，这里的大部分工人都是临时工：大约 300 名固定员工和超过 1200 名临时工共享同一个空间，其中不少临时工是为了应对圣诞节的挑战才被雇用的。许多订单履行中心的劳动力数量都会在圣诞节前的一个月翻上一番。前一年的圣诞节前一周，亚马逊迎来了一个值得纪念的日子：德国客户平均每秒下 5.3 个订单，一天内总共下单 46 万个产品，创下了纪录。[①]

这些都是订单履行中心的劳动力面临的挑战。他们被分为假日帮手、正式工和每 6 个月续签一次定期临时合同的临时工。在德国，这种做法最多只允许延续两年。在此之后，按照《劳动法》的要求，亚马逊要么永久地雇用他们，要么让他们离开。令大多数工人感到惊讶的是，12 月 22 日，亚马逊管理层就开始通知第一批雇员考虑他们的未来。已有两年工龄的员工只有两种选择：要么签订永久合同，要么寻找新的工作。到 12 月月底，人们清楚地看到，大多数人都选择了后者。只有 35 名工人获得了永久合同，许多人拿到的是为期 1 个月至 6 个月的新临时合同，其余人则被告知立即离开订单履行中心。其中一个没有续约的工人回忆道："假期过后，他们以 15 人至 20 人为一个小组，通知大家必须离职，还增加了安全措施。

---

① "Amazon zieht positive Zwischenbilanz der Weihnachtssaison," press re- lease, December 20, 2013, https://amazon-presse.de/Logistikzentren /Logistikzentren-in-Deutschland/ Presskit/amazon/de/ News / Logistikzentren/download/de/News/Logistikzentren/Amazon-zieht -positive-Zwischenbilanz-der-Weihnachtssaison.pdf/.

我们甚至无法与同事们告别。"①

圣诞节到来前的几周，订单履行中心的气氛变得紧张起来。关于布里斯朗订单履行中心有可能关闭的传闻不绝于耳。亚马逊近来在波兰和捷克共和国（the Czech Republic）开设新订单履行中心的举动进一步加剧了这一传闻。许多工人和工会会员认为，新的订单履行中心也是公司对德国各机构持续罢工的一种回应。2013 年 4 月，亚马逊在德国最大的订单履行中心——贝德赫斯菲尔德（Bad Hersfeld）订单履行中心发生了第一次罢工，共有 1100 名员工参加。从那时起，这家物流巨头遭遇了长达数年的罢工浪潮的打击，与各地的服务业联合工会就集体谈判、更高的薪酬和更好的工作条件等问题发生了激烈冲突。

布里斯朗并没有出现任何罢工。虽然前一年夏天举行的首次工会选举对服务业联合工会来说是一个小小的成功，但工会组织认为，布里斯朗还没有为罢工做好准备。持临时合同的工人尤其不愿罢工，他们害怕此举会减少其签订新合同的机会。似乎是为了支持这一假设，订单履行中心的管理层拒绝与活跃在工会和职工委员会中的工人续签合同。"参加职工委员会完全是我的合法权益，但我感觉自己受到了惩罚。我认为

---

① 在一次政治会议的外围对亚马逊布里斯朗订单履行中心工人的采访，2015 年 10 月。

亚马逊想要营造一种恐怖氛围。"一名因合同无法续签而与亚马逊对簿公堂，6 个月后败诉的工人表示。[①] 自纠纷开始以来，亚马逊就证明了自己是一个强硬的反工会雇主，与许多德国企业采取的较为合作的做法形成了鲜明对比。从试图阻止订单履行中心组织工人活动、成立工作场所组织，到在波兰和捷克共和国开设新的订单履行中心，再到精心发布新闻稿，宣布订单履行中心劳动力自动化方面取得的进展，亚马逊采取了咄咄逼人的态势，拒绝向工会和罢工工人有所让步。

这场持续的冲突正是我研究亚马逊订单履行中心劳动力的背景。配送中心是物流系统的关键场所，仍旧高度依赖人力。这种劳动力的组织与管理方式是数字泰勒主义的一种体现。在接下来的章节中，劳动场所将发生变化，与传统工厂的相似度远低于亚马逊配送中心。也就是说，亚马逊配送中心与传统工厂仍存在较多的相似之处，二者在劳动过程的动员性、灵活性以及对全球化和数字化流通系统的融入方面有着惊人的相似性。从某种意义上来说，订单履行中心的空间配置与诞生泰勒主义的工厂有些相似，因此可以作为讨论数字泰勒主义的恰当起点，甚至可以说，它们与众包工作平台有着与 20 世纪初的工厂一样多的共同点。

---

① 对柏林亚马逊布里斯朗订单履行中心某被解雇的工人的采访，2015 年 3 月。

布里斯朗订单履行中心与亚马逊在全球各地的订单履行中心有着许多相似之处。它们往往都位于交通设施便利的城市中心附近（布里斯朗距离柏林约 30 千米），所在地区通常备受高失业率、低经济发展水平的困扰。除了上述特征，这些地区还能提供丰富的廉价劳动力和低价房租，当地政府往往也愿意拿出巨额补贴进行基础设施开发，以吸引亚马逊的业务。

布里斯朗的灰色工厂式建筑分为 6 个小厅，占地面积 6.5 万平方米，按照亚马逊订单履行中心的标准测量单位来看，相当于 10 个足球场的大小 [亚马逊最大的订单履行中心位于亚利桑那州的菲尼克斯（Phoenix），占地面积为 28 个足球场大小的区域中储存着 1500 万件商品]。大多数订单履行中心都会悬挂一张巨大的海报或印刷品，上面写着"努力工作，享受乐趣，创造历史"的口号。这只是大多数订单履行中心众多的共同特征之一。根据各地条件和法规的不同，订单履行中心通常实行轮班制，雇用 1000 名至 4000 名工人。德国的订单履行中心一般在 5 点 30 分至 23 点 30 分比较活跃；夜班在大多数地方都很少见。英国的亚马逊配送中心与此正好相反：在那里夜班属于标准操作程序的一部分。

布里斯朗的工人大多来自周边地区。该地区以高失业率著称。大部分工人在入职亚马逊之前都从事过各种各样的工作，在被当地的就业中心送去订单履行中心前通常有很长一段时间的失业经历。在这种情况下，不工作会导致失业救济金的减少。据针对不同订单履行中心的报告称，亚马逊会系统性地利用就业中心的补贴（这些补贴是为了让失业者重新融入职场生活而设立的），在补贴到期后解雇领取补贴的工人。当地工人中包含一小部分外来民工，其中一些人来自西班牙和土耳其，还有少数人甚至每天都要花数小时从邻国波兰通勤上下班。大多数订单履行中心起初都会从周边区域吸引工人。较老的配送中心说明了这个圈子是如何随着时间不断扩大的，因为大多数订单履行中心都表现出了较高的员工流动率。亚马逊有时甚至会被迫使用公交系统接送 70 千米以外的员工。

布里斯朗的每一个班次都以主管的一番简短的激励演讲拉开帷幕。这些主管被称为"领导"，或者根据订单履行中心的等级制度，用公司的行话叫"区域经理"。演讲的内容几乎只关注绩效和目标。每一件进入、改变位置或离开订单履行中心的物品都会被精确地登记。每个工人团队都有一个当日要达到的配额。工人在上岗之前，必须"佩戴徽章"，还要通过机场式的安检扫描仪。配送中心的每一个动作都是规范化和标准化的——指示牌会指导工人使用扶手，黄色标记会指出通过订单履行中心的正确步行路径。许多工人感觉，他们有义务严格遵守的那些规定是在以高人一等的姿态对待他们。但从亚马逊的角度来看，标准化是其商业模式的关键元素，而订单履行中心的流程已经被优化到了最精细的细节。

伴随条形码和扫描仪的节奏工作

从外观上看，布里斯朗的特色是物流公司 DHL 红黄相间的卡车和集装箱。它们会将货物运往配送中心，再送往顾客手中。亚马逊依赖德国的多家企业，但 DHL 是迄今为止最重要的一家。2002 年，DHL 被前国有垄断企业德国邮政收购，成为全球最重要的物流公司之一。它的中心货运机场之一：哈勒 – 莱比锡（Halle-Leipzig）与布里斯朗相邻。欧洲最重要的集装箱港口汉堡港距离布里斯朗也不太远。专家估计，德国七分之一的包裹都是由亚马逊寄出的，因此 DHL 和其他物流供应商极度依赖与亚马逊的良好关系。这常被亚马逊用来在价格和优先权方面对供应商施压。

送达的货物会从卡车上卸下，经过首次扫描，在"入仓月台"进行拆箱。如果这些包裹都是标准尺寸，便可通过订单履行中心众多的传送带开始转移。这些传送带如同一张延伸的网络，遍布整个订单履行中心。下一站是"接收"区。工人们会把货品分成单个物品，检查它们是否存在破损，并再次扫描。亚马逊要求供应商和第三方商家在投递商品时，在投递箱和投递物品上都加上条形码。所有订单履行中心都要受到条形码逻辑的控制。"订单履行中心的每一样东西都有一个条形码，包括我在内。"一名工人解释道，"扫描仪的'哔哔'声就是我工作的声音。"①

1974 年 6 月 26 日 8 点 01 分，俄亥俄州特洛伊的马什超市收银员莎伦·布坎南（Sharon Buchanan）扫描了 10 包箭牌多汁水果口香糖。这标志着通用商品条码（UPC）的首次商业化应用。如今，这种条形码仍旧是大多数扫描技术的基础。②条形码系统基于莫尔斯电码，自 20 世纪 40 年代以来就已经存在，但直到布坎南使用的激光扫描仪被发明出来后才开始大规模生效。不过，关键点与其说是技术的发明，不如说是生产商和零售商之间的技术标准化。在以哪种条形码体系为标准的问题上，行业条形码选择委员会曾有所分歧。对于他们的努力，委员会前主席艾伦·哈勃曼（Alan Haberman）表示："这一小小的进步……建立了一个庞大的框架，改进了规模、速度以及服务，在减少浪费的同时提高了效率。这个不起眼的小进步就像一座倒置的金字塔的塔尖，一切都由它扩散开来。"③如今，每天都有数百万家公司以各种方式扫描数十亿份条形码，识别运输、邮寄和个人购物过程中的物品。这种为机器而非人眼设计的条形码是代码与标准化力量的显著例证。亚马逊的订单履行中心证明，条形码不仅是一种识别技术，也是物流媒介技术

---

① 在柏林对亚马逊布里斯朗订单履行中心某工人的采访，2015 年 5 月。
② 关于二维码的历史，可参见 Nelson, *Punched Cards to Bar Codes*.
③ 引自 Dodge and Kitchin, "Codes of Life," 859.

的典范，有助于在时间和空间中追踪物体的动向（如下文所述，还可以追踪工人）。

在任何一家订单履行中心，所有商品都要在"接收区"进行扫描，录入库存数据库。第一次到达订单履行中心的货物还要进行精确地测量和称重，其结果将由全球订单履行中心共享。扫描之后，接收区的工人会把商品放入"大手提袋"（Totes）——这是公司的行话，指无处不在的黄色塑料箱。这些箱子构成了订单履行中心的基本物流单元，被搬上传送带后会被转移至"存放区"，由那里的工人放进手推车，分拣后摆放在订单履行中心各处的货架上。

订单履行中心使用的存储系统不遵循任何肉眼可见的逻辑。商品似乎是被随机摆放在未被占用的货架上，而不是分门别类地放在指定区域。虽然有条理的存储系统能把各类商品分配到指定区域（比如一个区域放书，另一个区域放玩具），但在随机存储的订单履行中心，系统不存在这样明显的逻辑。书籍可能会紧挨着平板电脑、牙刷和玩具车。随机存储对亚马逊这样的公司尤其有吸引力，因为它们的库存数量很少，但产品种类繁多，而且订单往往会将不同类别的产品组合在一起。除这些因素外，随机存储的普遍优势还包括能够更加有效地利用自由空间、灵活应对产品范围的变化，且由于相邻的产品往往不同，因此很少会出现拣选错误。

随机存储并不依赖知道库存位置的员工，而是依赖软件。

只有亚马逊的软件系统知道每件商品的储存位置，可以引导工人找到它们。万一遇到软件出问题或断电的情况，随机存储就会立刻陷入一片混乱，什么也找不到。但当一切运行正常时，随机存储既能提升存储能力，还能优化仓库操作的整体效率。在布里斯朗订单履行中心，每个货架位置都带有一个特定的条形码，装卸工可以使用手持扫描仪扫描货架条形码和商品条形码。从这里开始，软件就能准确地知道产品的储存位置。只要订单履行中心周边的某个网络购物者看上了这里的商品，它就能很快被取走。

一件商品可能会在货架上存放几分钟、几天、几个月或几年，同时在亚马逊网站上列出并准备出售。当一名顾客决定通过亚马逊主页购买某件商品后，软件就会将订单发送给相应的订单履行中心。大多数情况下，中心的下一组工作人员（拣货工）只需几个小时即可启动。履行中心的工人有时还可以根据订单的数量猜测外面的天气，因为下雨时订单量往往会增加。和装卸工一样，拣货工的设备也包括一台手持扫描仪和一辆手推车。他们会推着手推车在拣货区的货架间穿梭——在订单履行中心，空间内的行进路线都是由软件指令决定的，它能够提供待取商品的位置。拣货工到达货架时必须进行扫描，拣取商品后也要扫描，然后将商品放进手推车。

扫描仪及隐藏的软件都是物流媒介的一部分，这些媒介在组织劳动、提高效率方面非常重要。亚马逊对其运营背后的软件始终保密。由于订单履行中心使用的多数软件都申请了专利，所以查询其专利登记材料能为我们提供理解配送中心算法管理规则的重要线索。2004 年，亚马逊提交了一份"以时间为基础的仓库行动图"专利申请。通过跟踪在订单履行中心穿梭的拣货工，该软件旨在生成订单履行中心的时间地图。通过收集工人在可识别位置区域行进所需的时间，点与点之间的行进时间信息聚合生成了一张时间图。这张图之后会成为订单履行中心算法管理的基础，被用于"安排物品分拣、评估雇员表现、组织仓库物品存储"等多种用途。[1]这些时间图将订单履行中心打造成一个受速度和效率控制、由算法组织起来的"时空"。[2]手持扫描仪等联网可穿戴设备会指引工人在亚马逊订单履行中心穿梭，为旨在提高劳动效率的时间研究开辟了新的可能性。这是一项由弗雷德里克·泰勒（Frederick Taylor）主导的著名研究。弗兰克（Frank）和莉莉安·吉尔布雷斯（Lillian Gilbreth）的工时研究对其进行了补充。

可以说，拣货是订单履行中心最艰难的工作。在扫描仪节奏的指引下，一些工人每次轮班要走超过 20 千米的路程。某些订单履行中心的工人所持的扫描仪还有倒计时功能，明

---

[1] "Time-based warehouse movement maps," US Patent 7243001 B2 2007, Amazon Technologies, Inc., Janert et al., https://www.google.com/ patents / US7243001.

[2] Lyster, *Learning from Logistics*, 3.

确规定了他们到达下一个拣货点的秒数。莱比锡订单履行中心也曾尝试过使用这些计时器，但引起了一波投诉与抗议的浪潮，被迫弃用。于是，布里斯朗订单履行中心也放弃了引入计时器。[①] 尽管如此，和订单履行中心的大多数工人一样，拣货员也有明确的绩效目标，每小时需拣货 60 次至 180 次不等。亚马逊称，这一目标来自员工的早期或平均表现。但对工人们来说，这些标准看上去十分模糊，似乎还会随着时间的推移而提高。莱比锡订单履行中心的一名拣货员称："一旦你达到了自己的目标，第二天或下一个小时就会收到更高的任务目标。我找过主管一次，他让我用运动员的精神来对待这种情况。"[②] 布里斯朗的工人也讲述了类似的情况。通过扫描仪，管理层对每个工人每一秒钟的表现都了如指掌。领导和区域经理还会定期拿着绩效表找员工谈话，要求他们保持节奏或加快速度。

配额、目标和其他关键绩效指标（KPI）不仅对物流过程的流动性管理至关重要，对集体和个人层面上的劳动管理也十分重要。订单履行中心的基础是对每个动作进行实时的精细监控，关键绩效指标则构成了看似客观的参数，可以对劳动力进行衡量和分析。不过，布里斯朗及其他订单履行中心用手持扫

---

① 在柏林某政治网络活动外围与亚马逊莱比锡订单履行中心某工人的对话，2015 年 12 月。

② 在柏林某政治网络活动外围与亚马逊莱比锡订单履行中心另一名工人的对话，2015 年 12 月。

描仪、软件系统收集数据的方式表明，工人的劳动配额并不透明，而且还在不断变化。从这个意义上来说，它们变成了加速工具：配额一旦达标，就会发生变化，因为所有人都希望比平均水平表现得更好。正是由于这种不合逻辑的特点，才使得管理者能够通过"反馈谈话"展开微观管理，并加强对剩余价值的利用。关键绩效指标在订单履行中心的微观经济中起着决定性作用，是算法管理和标准化程序看似中立、抽象的量化逻辑的一部分。正如一名工人所说："一切都是标准化的，唯一改变的是表现分数。"① 然而，关键绩效指标的力量恰恰来自非客观性。在亚马逊，个体工人、团队、经理和整个订单履行中心都要通过绩效指标相互竞争，并陷入持续竞争的模式中。"让每个工人的表现都优于平均水平"，这样不合逻辑的要求就是一个很好的例子，通过看似客观的量化，实现劳动力管理中蕴含的恒定加速逻辑。

扫描仪及其标准化程序支配着订单履行中心的空间行进路径，几乎完美地展现了以算法管理为特征的空间生产，以及社会空间实践与软件的共同构成。扫描仪不允许工作过程中出现任何偏差。另一名工人称："有时路线真的非常荒谬、不合逻辑，但你无能为力，因为你必须遵循扫描仪的指示。有时我

---

① 对柏林亚马逊布里斯朗订单履行中心某工人的采访，2015年5月。

感觉，即便任务不多，它还是想让我保持忙碌。"[1] 拣货工的处境为数字泰勒主义的核心特征提供了典型案例：通过颠倒技术与人类劳动力之间的关系，将人力插入复杂的算法机器之中。拣货工是软件的执行主体，按照软件决定的路线在订单履行中心的编码空间内穿梭。杰西·莱卡瓦利耶（Jesse LeCavalier）曾从建筑的角度出发，对沃尔玛展开过深入的研究。他在描述这一过程时指出："计算机系统能够控制环节，却缺乏执行命令的敏捷度和对成本效益的考量。这些工人构成了计算机系统的有机延伸。"[2]

软件与手持扫描仪等基础设施代表了整合过程中的一个特殊步骤：让人类劳动受制于软件逻辑。亚马逊英国鲁奇利（Rugeley）订单履行中心的经理这样描述使用扫描仪拣货的过程："你就像某种人形机器人。如果你也这么认为，这就是人类的自动化。"[3] 马克思在他的著作《机器论片段》（*Fragment of Machines*）中提到过自动化，并预言了机器的自动化系统。在这个系统中，工人只是大型机器系统间"有意识的联结"。[4]具体到亚马逊订单履行中心拣货工的工作，你可以在"意识"后面打个问号。因为软件会自动组织并控制拣货的过程，只不

---

① 对柏林亚马逊布里斯朗订单履行中心某工人的采访，2014 年 12 月。

② LeCavalier, *The Rule of Logistics*, 152.

③ 摘自《金融时报》某位亚马逊经理的引言，参阅 O'Connor, 2013。

④ Marx, *Grundrisse*, 692.

过需要人工手动执行：亚马逊订单履行中心的商品形状不同、大小各异，很难设计一台能够抓取所有商品的机器人。

考虑到这个问题，亚马逊在尝试自动化拣货的过程中采取了另一条路线。2012 年，它以 7.75 亿美元收购了 Kiva 机器人公司，将其更名为"亚马逊机器人公司"（Amazon Robotics），生产配备传感器的小型机器人车辆。这种车辆能够自动驾驶、相互通信，并与安装在地面上的其他传感器沟通，提升货架，将货物运往需要的地方。这项创新淘汰了拣货员长途跋涉的工作模式。近年来，越来越多的亚马逊订单履行中心配备了这种车辆。这些地方的拣货员可以待在原地不动，从被机器人车辆运送到位的移动货架上取出物品。在欧洲的亚马逊订单履行中心，自动化带来的恐惧仍旧萦绕在工人心头。亚马逊似乎很喜欢在劳工动乱和罢工期间发布新闻，介绍订单履行中心在自动化方面取得的成就。

从货架上取出被订购的商品后，拣货员会对其进行扫描、放入手推车。扫描仪会告诉拣货员，他或她下一步将要去往哪里。一旦拣货路线完成，拣货员就要把物品放上另一条传送带，通过分拣机将其发送至下一站。货物随着传送带来到邻近的打包站。在这里，另一组工人取出货物，再次扫描，将它们一一放入亚马逊经典的棕色硬纸板包装中。电脑屏幕上会显示订单和从库存中取出的包裹。一件或多件物品被放入包装盒后，还要加入纸张或气垫作为保护，密封后再被放上另一条传送带。接下来，包裹将到达"即时定位与地图构建站"（SLAM），由一台机器进行扫描和称重，检查盒中的物品是否正确，并自动贴上运输标签。这也是客户的名字第一次以印刷的形式出现。另一条传送带会将包裹送往装运码头，由那里的工人搬上等待运货的卡车。

负责"打包"的工人也有配额要完成，通过扫描每个订单中的项目来精确测评。与整个订单履行中心一样，数字测评系统由严格的老式监控机制完成。包装流水线尽头的一个小高塔有时会被领导和区域经理用来检查职场纪律。整个订单履行中心不鼓励同事间聊天，即便是一些违反常规的小动作，也会受到仔细审查。一旦违反规定，员工有可能会被路过的领导批评，或者被要求和主管进行更加正式的"反馈谈话"。如果稍有违反条约协议、生产力下降的情况，员工在反馈谈话的过程中就会收到所谓的官方记录，上面会详细说明他们的错误。2014 年，德国某订单履行中心发布的一则官方记录就是对员工进行细节监控的例子，体现了主管的个人监控在亚马逊订单履行中心的重要作用：

"XY 员工于 2014 年某月某日 07 点 27 分至 07 点 36 分不活跃（9 分钟）。该问题由 XA（区域经理）和 XB（区域经理）发现。该员工和 XZ（员工）一起站在 2 号大厅 3 层传送带的 05-06 和 05-07 接收点之间交谈。2014 年某月某日，XY 就曾在 08 点 15 分至 08 点 17 分不活跃（2 分钟）。该问题由 XC（领导）和 XD（区域经理）发现。08 点 15 分，XY 与 XW 一同上完厕所后返回。在那之后，她又在 2 号大厅与 XV 交谈，08 点 17 分返回工作岗位。"[1]

工人们报告称，他们会被问及上厕所的频率，还会被警告不要拖延，就算晚了几分钟也不行。休息时间是令许多订单履行中心员工不满的主要问题——在庞大的中心内，步行前往食堂和指定休息区可能要花很长时间，途中还经常会因为安检而耽搁。在最糟糕的情况下，工人连吃饭后按时返回工作岗位的时间都不够。这引发了员工的强烈不满。在他们的抗议下，亚马逊被迫在一些地方增设了休息室。

工作标准化 / 劳动力倍增

亚马逊订单履行中心的劳动标准化已经渗透到了最微小的细节中。从使用楼梯的方式到正确起吊的位置，亚马逊对工人的每个动作都有规定，并依靠泰勒主义传统下对时间和行为的研究，制定了订单履行中心的任务操作标准程序。在这里，

---

[1] 2014 年发布的《不活跃官方记录》，由德国服务行业工会公开，https://www.amazon-verdi.de/4557. My translation.

与对个人的职场控制相辅相成的，是促进了劳动力实时评估与控制的数字技术。劳动过程的计算机化产生了一个由各种形式的基准、操作标准程序、目标和即时反馈机制组成的实时监控系统。这些标准和对任务的分解不仅有助于提高劳动过程的效率，还有助于提高劳动力的灵活性。

这暗示了对整个数字泰勒主义而言至关重要的一个关键事实，即劳动的标准化、任务的分解、允许灵活性和劳动力倍增的算法管理。在各个订单履行中心，大多数岗位的培训只需要几天的时间，主要由经验更加丰富的工人在操作期间进行；某些订单履行中心的培训仅需几个小时。短暂的培训有助于提高劳动力的灵活性，对管理物流供应链中的突发事件至关重要。如果工作过程需要更多的技能或培训，那么很难想象在圣诞节前的几个月里，订单履行中心的雇员数量如何能够增加一倍。不过这个过程也并非没有摩擦，数千名新员工的涌入往往会给经验丰富的员工带来混乱与重重压力。

短期雇用、季节性工作、兼职工作、分包和其他形式的灵活劳动仍然是物流行业的典型特征。这不仅体现在配送中心，也体现在供应链的各个环节。物流行业的工人，尤其是季节性工人和兼职工人，往往都是外来民工，工作条件比长期员工恶劣许多。2012年圣诞节期间，德国电视频道（ARD）播出的一档节目调查了5000名临时工的状况——其中许多人受雇于西班牙和波兰的中介——引发了亚马逊的公共丑闻。报道中的西班牙工人在工资和工作条件方面受到欺骗，离开家乡前不曾拿到合同，到达德国后还要被迫接受糟糕的条件。有些外来民工被中介安置在摇摇欲坠的度假屋中，距离订单履行中心大约一个小时的路程，还要乘坐拥挤的公交车去上班。由公交车引起的迟到也要扣工人的工资。度假村的安保人员咄咄逼人，（报告还声称）其中一些是新纳粹分子。事实证明，这一点引起了极其严重的争议，迫使亚马逊终止了与中介和安保公司的合同。[①]

对亚马逊而言，临时合同显然不仅是创造季节性劳动力的工具，也是约束和激励那些希望获得永久合同的临时工的一种方式。决定哪些工人能够获得永久合同的标准既复杂又不透明，但让临时工们心怀希望，就能够起到激励作用，从而提高生产率。除了季节性员工，亚马逊的德国订单履行中心还存在一种趋势，即随着时间的推移，长期员工的数量在逐渐增加。因此，获得永久合同的可能性可以被当作管理和约束劳动力的工具。虽然临时合同和分包在德国十分重要，但这些劳动形式在其他国家往往更加普遍。

2014 年，波兰基层工会针对波兹南附近的亚马逊订单履行中心出具了一份报告，指出该中心的 3000 名员工中只有

[①] Diana Löbl and Peter Onneken, ARD, "Ausgeliefert! Leiharbeiter bei Amazon," 2013 年 2 月 13 日播出。

600 人直接受雇于亚马逊，其余人都是通过临时劳工机构（如万宝盛华、阿第克、兰斯塔德等全球各大临时工雇用机构）雇用的。他们大多持有为期 1 个月至 3 个月的短期合同，有人每天乘公共汽车通勤的时间长达 4 个小时。[①] 在英国，阿第克这样的临时工机构在亚马逊的一些订单履行中心还开设了自己的办公室，根据积分制度管理自己的分包工人。2016 年圣诞节期间，一名亚马逊赫默尔·亨普斯特德（Hemel Hempstead）订单履行中心的临时工解释了这种积分制度：

迟到、早退或休息后晚归，扣 0.5 分；因为任何原因缺勤，扣 1 分；即便你提前告知或解释过原因，也无济于事——反正你会被扣分。未经事先告知就缺勤，扣 3 分；累计扣满 6 分会导致合同终止。[②]

所谓的"零小时合同"（Zero-Hour Contract）是英国各地

---

① 来自波兰基层工会。可参见博客 *LabourNet*: "Amazon im Weihnachtsstress—Das Warenlager in Poznan," April 15, 2015, http://www.labournet.de/internationales/polen/arbeitsbedingungen-polen /amazon-im-weihnachtsstress-das-warenlager-in-poznan /.

② 2016 年圣诞季针对亚马逊赫默尔·亨普斯特德订单履行中心的报道，匿名发布在"全球愤怒的工人"网站上，2017 年 1 月 7 日，https://angryworkersworld.wordpress.com/2017/01/17/calling-all-junglists-a-short-report-from-amazon-in-hemel-hempstead /.

仓库的另一种极端灵活的形式。这些合同不保证工人的工作时间；只有在需要时，他们才会被找来工作，通常是在很短的时间内通过短信进行通知。2016 年圣诞节期间，亚马逊的 12 座英国订单履行中心雇用了 2 万名临时工。这些工人通常居住在距离订单履行中心十分遥远的地方。为了把他们送去订单履行中心，亚马逊和中介会在某些地点开通摆渡车。但据有些工人描述，这些摆渡车既昂贵又不可靠。丹弗姆林（Dunfermline）订单履行中心的某些工人甚至会在附近的树林里扎营睡觉。

美国亚马逊在促进劳动力的灵活动员方面更进一步，启动了"露营车劳动力"（CamperForce）项目，试图安排工人住在露营车里，在全国范围内进行工作。旺季时，亚马逊会为愿意在物流中心工作的工人提供有偿的营地和其他福利。为了防止流动工人放弃这项艰难的工作，如果他们愿意一直工作到圣诞节，亚马逊有时还会额外支付 1 美元的时薪。

读到"露营车劳动力"流动工人的招聘启事，人们会产生这样一种印象：该启事相当坦率地谈到了这项工作的艰巨性。人们只能猜测，这是否是另一项措施，以防止这些流动性特别强的员工在圣诞节旺季结束之前离开。举个例子，2017 年，肯塔基州坎贝尔威尔（Campbellsville）订单履行中心的季节性流动工人招聘启事就详细描述了亚马逊订单履行中心的工作。工人们"必须愿意且能够完成所有轮班工作"，并"愿意且能够按照要求加班"。亚马逊将订单履行中心描述为一个

"节奏很快的地方",工人必须遵守"严格的安全、质量和生产标准",且"必须能够连续站立或行走 10 到 12 个小时"。[①]

为了应对供应链突发事件而进行劳动力动员、增强劳动力的灵活性,这绝不是亚马逊独有的做法——从布里斯朗到马德里(Madrid),这样的特性遍布整个物流行业。许多工作都要求工人满足其流动性和灵活性。各种形式的合同、外包和分包广泛存在于物流领域的各个岗位,其特点是高度灵活、期限短,能将意外风险推至分包线。

不仅如此,在布里斯朗订单履行中心,临时合同显然也是应对工人斗争的一种方式。临时合同是布里斯朗订单履行中心加入罢工行动的一大主要障碍。许多工人甚至担心加入工会可能会减少他们签订永久合同的机会,其他人则已然接受这样一种想法:亚马逊将是他们工作履历中一个相对短暂的停留点。相反,许多长期雇员则认为自己拥有特权,对和雇主作对不感兴趣。因此,布里斯朗的激进工人和工会会员面临着相当困难的境况:虽然其他订单履行中心已经展开了 6 年的罢工,但布里斯朗尚未加入。不过,虽然其他订单履行中心的力量平衡对工会和激进工人更加有利,但劳动力的分歧依旧存在。在

---

① Amazon, "CamperForce. Your next adventure is here," online job listing on Amazon (n.d.), http://www.amazondelivers.jobs/about/camperforce/, accessed April 22, 2017.

一些初期公关事件之后（比如德国电视台报道外来民工被新纳粹分子安保人员监视），亚马逊改进了媒体策略，证明自己是工会的强硬对手。在德国和其他地方，亚马逊都会阻止工会组织的活动，通过组建并支持亲雇主的"黄色工会"、操纵职工委员会选举名单来进行反击。一份关于罢工的分析将亚马逊的反工会活动描述为"反工会的经典一课"。[1] 结果，大多数订单履行中心的员工被泾渭分明地分为"愿意罢工"和"支持雇主"两派。

尽管如此，自2013年巴特赫斯菲尔德订单履行中心展开罢工以来（这是亚马逊机构在全球范围内的第一次罢工），罢工活动已经持续了许多年。此后，其他欧洲国家的工人也纷纷效仿。工人们还打着"我们不是机器人"的口号，抗议在配送中心遇到的各种形式的数字泰勒主义。数字监控、通过 KPI 施压以及算法管理不合逻辑、高高在上，连同薪酬和集体谈判问题一起成为抗议的核心，而且它们一开始也是工会的中心问题。[2]

亚马逊经常强调，罢工对公司交付货品的准时性几乎不会有任何影响。尽管许多迹象表明，罢工确实会产生一定的影响，但亚马逊通过将需求转移到其他订单履行中心削弱了这些

---

[1] Boewe and Schulten, *The Long Struggle of the Amazon Employees*, 39.

[2] 关于亚马逊的罢工问题，另参见 Sabrina Apicella 的重要作品（Apicella, *Amazon in Leipzig*）。

影响的整体效力。在这种背景下，新建的波兰订单履行中心发挥着特殊的作用。在亚马逊能够预测罢工时间、重新安排订单路线的背景下，工会正尝试在个别订单履行中心展开短期、自发且突然的罢工，而不是全国性大罢工。据工人和工会谈判代表所说，这样的策略引发了大量问题，多次让管理层陷入恐慌。波兰工人也以"缓慢罢工"作为回应，对德国同事表示支持。罢工正日益成为一场欧洲范围内的斗争。

订单履行中心是亚马逊物流供应链中的关键节点。从这里开始，包裹将踏上旅程中的最后一段路：交付给个人客户。从订单履行中心到客户家门口的配送过程已成为亚马逊运营的另一个重点，更广泛地说，这也是当代资本主义的物流重组。

亚马逊的新前沿：最后一英里

2014 年，亚马逊申请了另一项引人注目的专利：飞行配送中心。专利的内容是"利用无人机交付货物"，描述了一个被设计成飞艇的空中配送中心。[①] 它的飞行高度约为 4.5 万英尺，以无人机基地的形式在居民区上空盘旋，为下方区域的个

---

① "Airborne fulfillment center utilizing unmanned aerial vehicles for item delivery," US Patent 9305280 granted 2016 to Amazon Technologies, Inc., Berg et al. https://www.google.com/patents/US9305280.

人客户送货。小型飞艇（"穿梭机"）将用于为飞行配送中心补充库存，并运送工人往返于空中的工作场所。虽然实现这一惊人想法的进一步措施还有待观察，但交付无人机的开发正在如火如荼地进行。2016 年 12 月 7 日，亚马逊通过无人机向英国剑桥郊区的一名客户交付了第一个商品包裹。据亚马逊声称，从点击到交付，自主操作的无人机只需要花费 13 分钟。这是一项仅针对剑桥地区的 2 名客户开放的个别性实验。自 2015 年夏天以来，亚马逊一直在该区域测试无人机交付。除了高昂的成本，目前在大多数国家通过商用无人机实现"最后一英里"自动化交付的最大障碍之一是法律规定的航空范围。不过这些限制并没有阻止亚马逊、沃尔玛、DHL、马士基和谷歌等企业加大对这种系统的投资开发力度。

这种做法不难理解。随着电子商务和以应用程序为基础的各种订单不断增加，对所谓"最后一英里"交付服务的数量、速度和灵活性的要求已呈指数级增长。为客户提供"最后一英里"服务已成为许多公司激烈竞争的焦点，同时也是一场深远变革的焦点，不仅包括消费模式的变化，还深刻影响着劳动力和（城市）空间的生产。为了彰显这项服务的重要性，某行业网站将"最后一英里"描述为"物流的终极前沿"。[1] 这

---

① Edwin Lopez, "Why Is the Last Mile so Inefficient?" *Supply Chain Dive* (blog), May 22, 2017, https://www.supplychaindive.com/news/last-mile-spotlight-inefficient-perfect-delivery/443089/.

是因为"最后一英里"是一个高度复杂的领域，涉及不断变化的路线和目的地，同时又属于成本和劳动密集型任务，在送货上门需求激增的情况下其重要性也日益增加。

尽管很长一段时间以来，亚马逊一直没有触碰"最后一英里"的复杂问题，但最近情况发生了变化——其中一个原因在于交付服务供应商根本无法在数量和速度上满足亚马逊的需求。亚马逊一直在努力提高产品的交付速度。通过这种做法，亚马逊希望能减少电子商务和实体店相比最大的弊端：顾客购买和收到商品之间的时间差。亚马逊 Prime 订购服务一直将"次日达"作为主要卖点，还有许多领域已经改成了"当日达"，甚至是一小时内交付。很长一段时间以来，亚马逊主要通过其他供应商完成"最后一英里"的交付任务。但近年来，亚马逊开设了自己的交付营业部，开始推进自营的"最后一英里"服务。由此，亚马逊进入了当代物流供应链的一个关键环节。在许多城市拥挤的街道上，印有亚马逊标志的送货车也加入了 UPS、DHL 和其他货车的队伍。只要看一眼这些城市的街道，就会发现物流服务无处不在：到处都充斥着各种各样的交付货车、自行车送信员、骑着踏板车的外卖骑手，以及其他试图以最快的速度向客户交付各种产品的快递员。

送货车、快递员和外卖骑手组成的大军是物流都市化的显著表现，即物流业务已经从城市外围的工业园区转移到了市中心。为了提供敏捷的交付服务，亚马逊和其他公司必须将配送中心迁至靠近客户的地方。亚马逊的大型配送中心通常位于主要城市的郊区，与之相辅相成的是位于城市之内的小型配送中心，它们是产品在数小时内送达的起点。大多数情况下，被规划为物流园区、港口和经济特区的物流区域及其特殊形式的空间和城市布局都位于城市的边缘，但对速度的迫切需要往往会推动物流运作空间与城市中心相融合。

在进军"最后一英里"的过程中，亚马逊要和一系列销售各种商品（从食品到技术产品）的企业展开竞争。"一小时内送达"和基于应用程序的订购将城市重新调整为"综合服务平台"。[1] 在这种背景下，时间成了空间生产最关键的因素。建筑师兼城市学家克莱尔·李斯特（Clare Lyster）一直致力于研究物流如何重塑当代城市。她认为，城市已经不能（像建筑师通常认为的那样）主要通过静态对象来理解，而是越来越多地通过其物流系统和程序流程来理解。她声称，时间是"城市最关键的属性"。她写道："物流根据时间校准空间，从而使城市成为一个时间轴。"[2] 把城市看作时间轴的理念与"一小时内送达"服务，以及驾驶厢式货车、骑着自行车在城市里穿梭的劳动力产生了共鸣。商品、信息和物流流动正在不断地重构当代都市。空间的生产越来越多地受到算法移动系统——另一种

---

[1] Lyster, *Learning from Logistics*, 13.

[2] Lyster, 3.

物流媒介——的驱动。该系统已经成为当今全球城市的关键基础设施。

"最后一英里"中的劳动力

尽管在自动化方面进行了各种尝试，"最后一英里"服务仍然是物流行业中劳动密集程度最高的环节。从事这项工作的劳动力的地位介于新兴的物流行业和所谓的零工经济的交汇处，为分析当前生产、流通和消费的转型提供了关键切入点。配送部门的劳动力作为供应链中最重要、最昂贵的环节之一，一直肩负着巨大的压力，其特点是灵活且不稳定的工作安排，要受到动态变化的影响。

在这个问题上，有两个方面特别重要。第一，通过数字技术，劳动组织和控制的新形式已经扩展到交付任务。和其他工作领域一样，交付任务越来越具有算法管理、劳动标准化、技术评估以及强化监督的特点。第二，在劳动过程日益规范的同时，劳动关系中的合同和法律部分更加灵活。特别是物流部门——尤其是交付环节——始终以外包、分包和临时劳动合同为特征。但随着零工经济的出现，这一过程被放大并加强。由于许多重要的零工经济公司（比如优步、户户送、Foodora）都有自营的交付和运输服务，平台劳动力已成为该行业劳动关系转变的重要工具。亚马逊通过 Flex 项目开启了交付产品的零工经济平台。参与"最后一英里"服务的劳动力与配送中心的劳动力有着许多相似之处：一方面是数字化管理、标准化和严密的监控，另一方面是不稳定性和灵活性。亚马逊的快递司机必须和 DHL、UPS 之类的市场领导者的司机竞争。后者的驾驶员证明，数字泰勒主义并不局限于配送中心，而是在物流部门中无处不在。

UPS 是美国最大的私营物流雇主之一，在全球范围内拥有超过 45 万名雇员，其中 37.4 万人在美国工作。虽然如今的 UPS 是一个多元化的物流供应商，拥有自己的货运航空公司和以货运为基础的卡车公司，但包裹交付仍旧是其核心业务。2017 年，UPS 日均交付 2000 万个包裹，总计 51 亿件，收入超过 650 亿美元。[①] 其标志性的棕黄色厢式货车已成为美国经济的重要文化象征，在各种媒体上出现。在美国，驾驶这些厢式货车的司机超过 5 万人（圣诞节前的高峰期甚至更多）。UPS（至少在美国）的一大特点是拥有数量众多的直雇司机，这在很大程度上归因于 UPS 工人的工会组织，其影响力限制了通过增加劳动合同的灵活性以实现利润最大化的策略。[②] 和行业标准相比，由于 UPS 的工会化程度较高、斗争历史较长，

---

① UPS 证券交易委员会 2017 年存档，2018 年 2 月，http://www.investors. ups.com/static-files/8d1241ae-4786-42e2-b647-bf34e2954b3e.

② Allen, "The UPS Strike, 20 Years Later."

工人的工资（和福利）也相对较高。与联邦快递、亚马逊等几乎没有什么动力的企业工会相比，卡车司机工会拥有近 28 万名成员，这简直是天文数字。鉴于这种特殊性，工作的集约化对 UPS 保持竞争力至关重要。为此，UPS 采用的复杂技术可以被看作数字泰勒主义的另一个体现。

尽管 UPS 的全职司机很少抱怨工资和福利问题，但工作时间长、工作节奏快、标准化和纪律性强是令司机们普遍不满的原因。长期以来，UPS 司机都要按照标准操作流程工作。在培训中，未来的驾驶员要学习大量节省时间的方法，例如如何单手启动卡车，同时用另一只手系安全带。为了最大限度地提高交付效率，驾驶员们还会领到一本 74 页的高效工作指南，里面的指导方针对驾驶员的工作进行了事无巨细的规定，包括笔的放置位置（惯用右手的司机应该把笔放在左边的口袋里）等问题。[①]

随着"远程通信"（Telematics）系统的引入，UPS 进一步加强了驾驶员工作路线的标准化和集约化。每辆送货车都配备了 200 多个传感器，驾驶员的手持扫描仪（送货信息采集设备，DIAD）也会产生额外的数据。系统能收集大量的卡车数据（速度、制动等变量），GPS 数据，客户交付数据和驾驶员行为数据，还会监控诸如安全带使用、空闲时间和驾驶员倒车

---

① Bruder, "These Workers Have a New Demand."

次数等信息。驾驶员每次停车、扫描包裹或进行其他操作时，系统都会将这些细节记录下来。连续不断的信息流被传送至 UPS 数据中心，在那里被采集、分析并提交给主管。

UPS 公司清楚，即便是提高劳动过程中微小细节的效率，也能给他们带来巨大的好处。公司流程管理高级主管杰克·列维斯（Jack Levis）告诉国家公共广播网："每名驾驶员每天（节省）1 分钟，公司一年就能增加收益 1450 万美元。"[1] 在公开演讲中，UPS 强调远程信息处理有利于节省燃料和维护费用。劳动力显然也是一个主要问题，UPS 直言不讳地描述了如何利用远程信息处理系统管理劳动力：

为了最大限度地发挥远程信息处理系统的优势，我们将驾驶员纳入了这个过程，向他们及其管理者提供详细的报告，将驾驶员的驾驶行为与我们想要争取的结果相比较，比如平稳地加速和刹车以节省燃油。有了具体数据，他们就能优化驾驶行为，让这个"滚动的实验室"变得更加高效。[2]

---

[1] Jacob Goldstein, "To Increase Productivity, UPS Monitors Drivers' Every Move," NPR, April 17, 2014, https://www.npr.org/sections/money/2014/04/17/303770907/to-increase-productivity-ups-monitors-drivers-every-move.

[2] "Telematics," UPS Leadership Matters website, https://www.ups.com /content/us/en/bussol/browse/leadership-telematics.html, accessed July 9, 2018.

软件设立的绩效指标会给驾驶员造成压力。"我们掌握了驾驶员的数据，知道他们的驾驶速度有多快，刹车踩得有多狠。"UPS 的车辆工程总监戴夫·斯宾塞（Dave Spencer）在接受某商业杂志采访时坦言，"司机在给我们造成损失之前就得改掉他的坏习惯"。[①]凭借工会的力量，劳资双方达成了一项协议，禁止 UPS 根据远程通信软件评估的低绩效结果解雇工人，但 UPS 还是找到了绕过这项协议的方法。许多工人都报告称，自己承受着指标带来的压力。UPS 驾驶员也报告称，经理们会拿出他们的业绩细节报表，要求他们提高交付数量。安装在卡车内部的传感器让经理们能够仔细检查驾驶员的每一次休息时间，甚至总结其驾驶风格。一名驾驶员在一次轮班期间产生的所有数据报表就多达 40 页。驾驶员经常要被迫向经理证明自己中途去了厕所，就连轻微的违规行为也要解释。

UPS 采用的算法管理技术还有另外一个重要特征，被称为"道路优化与导航"（ORION）的导航和路径规划系统。ORION 软件解决了一个乍看十分简单，其实非常复杂的问题：找到连接多个空间点的最短路径。即便地址的数量很少，选项的数量也会快速增加。这个问题在 19 世纪被称为"旅游推销员问题"（TSP），目前已成为复杂理论、应用数学、算法理论和计算地

---

① Frank, "How Telematics Has Completely Revolutionized the Management of Fleet Vehicles."

理学的重要课题。想要用人力计算出一条需要经停很多次的最佳路线，几乎是不可能的。[1]但 ORION 储存了超过 2.5 亿个地址点位。一辆 UPS 厢式货车一天经过的点位通常只能涵盖其中的 100 多个。这就是 ORION 算法能够轻松解决 TSP 问题的原因。而且，ORION 是一种学习型算法，可以根据货车的自动反馈运行，提供区域内的实时地图。[2]这些地图是把城市理解为时间轴的关键，体现了算法驱动下的物流在城市空间生产中的重要性。

和整个远程通信系统相似，ORION 专注于细节和微小的效率增益，比如减少左转次数。但效率对 UPS 而言不仅与路线有关，还与驾驶员的工作情况有关。UPS 面临的一个重要问题是倒车。公司希望驾驶员能够尽可能地减少倒车次数，理由是这样做会增加事故风险。远程通信系统不仅会监测司机的倒车次数，还会监测倒车的距离和速度。如果软件判定一名驾驶员倒车的次数过多，经理就会要求他改变驾驶风格。正如一名工人所说：“我们最大的倒车速度应该是 3 英里 / 时。我收到过一条信息，说我的倒车平均速度为 3.7 英里 / 时，希望我能放慢速度。我告诉他们，只要他们在我身上装个可视的速

---

① Burnett, "Coming Full Circle."

② "ORION: The Algorithm Proving That Left Isn't Right," UPS Compass (blog), 2016 年 10 月 5 日, https://www.ups.com/us/en/services/knowledge-center/article.page?kid=aa3710c2.

度表，我就能严格遵守标准了。"[1] 和他一样，许多驾驶员都发现 ORION 软件效率低下。许多工人还质疑，和数字技术出现之前相比，算法管理并没有提高效率。尽管存在争议，但在工人如何完成工作的问题上，即便是最小的决定也要由算法作出。

ORION 等软件是根据速度、距离和燃料使用等变量从逻辑上测绘城市和郊区空间的工具，但也可以通过多种指标被用作增加劳动压力和提高生产力的工具。UPS 的工人报告称，随着 ORION 的引入，在软件无法提高路线效率的情况下，为了达到新的目标，他们必须冲刺或忽略安全问题。和亚马逊订单履行中心一样，棕黄色面包车如今已经成为实时细节监控系统的一部分，而关键绩效指标构成了看似客观的参数，被用来衡量和分析劳动水平。从理论上说，关键绩效指标在劳动力的微观管理中发挥着决定性作用，是算法管理和标准化程序中立、抽象和量化逻辑的一部分。然而在现实中，关键绩效指标所确定的配额往往是不切实际的，而且总是处于变化之中，因而无法对工人的表现进行客观衡量。

对 UPS 而言，数字技术在提高效率、进一步集约劳动力方面十分有效。在远程信息系统推出后的 4 年中，尽管驾驶员

---

[1] UPS 员工经营的独立网络论坛帖子，2016 年 1 月。

的数量略有下降，但公司每天都能额外处理 140 万件包裹。①
数字技术使得 UPS 可以测评、组织、强化并监控劳动力，展
现了网络设备、传感器和应用程序是如何将泰勒主义以及在时
间、运动方面的研究从工厂的封闭空间转移到物流城市的都市
空间中去的。

极端的灵活性：平台劳动的出现

在"最后一英里"的领域中，加入工会的 UPS 全职驾驶
员在某种程度上是一种例外。但在过去的几十年间，UPS 一直
在努力增加更多的兼职和固定期限的驾驶员。尽管这些尝试遭
到了工会的抵制，但至少取得了部分成功。在灵活化用工方面
的最新尝试中，公司的想法是让驾驶员使用自己的车辆送货，
以应对高峰期增加的工作量。这个想法本身并不是原创的。在
"最后一英里"服务中，以平台为基础，将劳动外包给独立承
包商变得越来越重要。一些公司起步时都是典型的零工经济平
台，许多老企业也开始尝试基于平台的超灵活就业形式。亚马
逊就通过 Flex 项目复制了优步扰乱出租车市场的模式，将其
引入交付领域。该模式于 2015 年在美国推出后不断壮大，现
已经在德国、英国等国家推出。

---

① Kaplan, "The Spy Who Fired Me."

在某种程度上，交付与物流的"优步化"具有误导性，因为它表明劳动关系似乎只能通过数字平台才可以存在。相反，我们有必要扭转这种说法，将物流行业也置于零工经济的谱系之中。在许多方面，物流行业一直是高度灵活用工形式的实验场，目的是寻找应对全球供应链突发事件的简单、廉价的处理方式。早在数字平台出现之前，物流行业就存在以零工经济为特征的劳动关系。美国港口的卡车运输业就是一个例子。20 世纪 70 年代末，卡车运输行业放宽管制，促使"自雇经营者"或"独立承包人"进入——即自己拥有或租赁卡车、承包大型货运公司业务的个体驾驶员。[1]事实上，除了法律地位，这些司机从各个方面来看，几乎就是这些大公司的雇员。将工作承包给计件收费的自雇经营驾驶员，往往能让公司降低工资，把创业风险转嫁到驾驶员身上，且驾驶员不享有保险、福利或加班费等权利。2014 年，在全美 7.5 万名港口卡车司机中，大约有 4.9 万人都是独立承包商。[2]从许多方面来看，港口卡车行业的这些雇用劳动正是我们今天所说的零工经济劳动关系的初级版本。为了更好地理解当前平台劳动兴起的持续性和变革性特征，认识如今的零工经济的前身似乎是至关重要的。

---

[1]　Bonacich and Wilson, *Getting the Goods*, 113.

[2]　Smith, Marvy, and Zerolnick, *The Big Rig Overhaul*.

　　"做自己的老板，制定自己的计划表，有更多的时间追求你的目标和梦想。加入我们，看看亚马逊能给你多少支持。"亚马逊在争取个体户成为 Flex 项目"交付合作伙伴"的广告中写道。亚马逊 Flex 是一款允许人们使用私家车完成交付服务工作的应用软件。通过背景调查的申请人可以作为独立承包商工作。整个劳动过程都由应用软件组织。软件必须安装在个人的智能手机上，会提供多个教学视频（而不是培训）。一旦申请通过，驾驶员可以在应用软件商店注册 1 至 5 小时的轮班工作时间（所谓的交付服务模块）。工作时间开始之前，软件会告诉司机去哪里领取包裹。来到配送中心，驾驶员驱车列队，在应用软件上报到登记，接收和扫描包裹，然后按照应用软件安排的送货路线开始工作。交付需要在应用软件上确认，有时还要为留在门口的包裹拍照。应用软件不仅是导航和扫描包裹的工具，还被嵌入了一个更大的构架。该构架除了能够管理工作过程，还能创建更广泛的绩效评估指标（包括客户反馈）。在这些形式的劳动中，算法管理在很大程度上取代了公司对工人的直接控制。

　　正式独立承包商承诺的时薪至少为 18 美元至 25 美元，或同等价值的其他货币。虽然对许多驾驶员而言，这样的工资似乎不错，但他们很快就会意识到，18 美元的工资并不是真正的收入。Flex 项目的一名驾驶员总结道："你以为自己能赚到 18 美元的时薪和小费，但这些钱全花在了汽油和汽车维修上。

你的车要跑很多很多英里。"① 很多人还抱怨每次轮班分配的包裹太多。如果驾驶员未能在指定的时间内交付包裹，加班通常是没有报酬的。从家里开车出发赶往各个配送中心的时间，以及下班回家所需的时间也是没有收入的。虽然技术能够准确地计算出额外的工作时间，但亚马逊为了节省开支，战略性地忽略了这些可能性。不仅如此，驾驶员们还必须自行承担保险、税费和社会保障金之类的其他开销。总体来说，实际工资因个人情况而异，但通常远低于承诺的 18 美元，也很少低于最低工资。因此，使用独立承包商的法律概念有助于亚马逊降低工资，同时将设备或保险等额外成本及创业风险推给工人。

2017 年，第一批工人开始起诉亚马逊，声称考虑到他们已经完全融入了亚马逊的企业及其组织、控制劳动的方式，就应该被视为其员工，而非独立承包人。原告还辩称，扣除各项花销之后，他们的收入普遍低于最低工资。② 亚马逊 Flex 项目的一些原告律师也曾参与过类似的集体诉讼。

工作机会的波动性进一步加剧了这份工作的不确定性。许多 Flex 项目的驾驶员都抱怨自己缺乏安全感。亚马逊批准

---

① 亚马逊 Flex 司机在某在线工作评价网站上的发帖，2017 年 3 月。

② *Lawson v. Amazon Inc.*，2017 年美国加利福尼亚州地区法院受理的案件，http://www.courthousenews.com/wp-content /uploads/2017/04/Amazon.pdf.

录用的驾驶员数量似乎超过了其需求，往往会导致激烈的轮班竞争——这种现象对基于应用程序、服从算法管理的独立承包商来说非常普遍，也是优步司机、户户送骑手和其他零工经济工人面临的主要问题。在某网络论坛上，一名司机报告称："他们（亚马逊）还在继续雇用越来越多的人，所以竞争只会不断加剧，以至于获得工作的唯一方法，就是整天在手机上刷报价。"[①] 许多司机会使用自动抢单软件，试图和那些仅用手指刷单的工人拉开差距。在一些照片中，亚马逊和亚马逊旗下的全食配送中心门口的树林里也悬挂着智能手机：驾驶员们都希望能比同事提前几毫秒抢单，获得更多的工作机会。

在出现投诉或遇到问题时，相较于正式员工，独立承包商更容易遭到亚马逊的解雇。这其实也是零工经济中的一种约束工具。在这种经济形态中，工人们会努力避免遭到投诉，或想方设法让客户和平台满意，从而获得更靠前的排名和更多的工作机会，以免自己的账户被关闭（如果账户被关闭，就相当于收到了解雇信）。对亚马逊而言，以平台为基础雇用独立承包商能让公司以极低的固定支出创造高度灵活、按需扩展的劳动力。对驾驶员来说，这种灵活的就业安排颇受重视，尤其是那些需要从事额外工作、许多方面都非常不稳定的人。尽管如

---

① 亚马逊 Flex 司机在某在线工作评价网站上的发帖，2017 年 4 月。

此，驾驶员的数量仍在增长。虽然很难得到确切的数字，但明显的趋势还是存在的。亚马逊为 Flex 项目驾驶员运营的封闭式脸书群组已有 2.7 万名成员。与此同时，据亚马逊的一名发言人表示，仅在英国，亚马逊 Flex 项目就有"数千名交付合作伙伴"。对亚马逊来说，这些驾驶员对满足客户需求、提高灵活性至关重要。

在许多方面，亚马逊 Flex 项目的劳动模式与分包链末端包裹交付过程中长期存在的劳动关系没有什么差别。但数字平台去除了中介，从而增强了灵活性。虽然人人都知道，平台劳动力凭借短暂的"零工"，可以灵活地响应客户的需求，但大家经常忽视的一个方面是，平台工作如何依赖数字化组织和监督来提高效率，降低成本。各种各样的标准化技术和算法管理减少了培训时间，增加了劳动过程的（自动化）组织和控制，为招募劳动力提供了灵活、短期的解决方案。正是算法组织和数字控制的实施，才使 Flex 范围内高度灵活的劳动力变得高效、可管理、按需扩展。

"最后一英里"服务的兴起标志着购物和饮食等方面消费模式的重要转变。这些活动对城市的建设、引导和定位至关重要。随着平台的兴起，城市购物区、餐厅以及随之而来的消费和日常出行（换句话说，就是城市空间）也会发生变化。这种发展的一个明显迹象，就是以平台为基础的食品外卖的兴起。柏林、伦敦和其他城市景观中随处可见骑着自行车或踏板车的外卖员在为户户送、优食和 Foodora 之类的外卖平台工作，其中许多驾驶员也是独立承包商。在这个问题上，我们遇到了类似的合同协议和基于应用程序的劳动过程算法管理形式。其中一些人是按小时收费的，另外一些人则以"卸货"（交付）的次数为收费基础。这是企业降低固定成本的另一种形式，也是零工经济的另一种趋势，可以被描述为计件工资的回归。柏林的许多自行车快递员都是外来民工，通常来自危机缠身的欧洲国家，即便他们不会说德语，也可以通过应用程序轻松地融入快递行业。这暗示了外来民工在许多物流企业中的重要性，以及平台重构劳动力市场的方式。尽管困难重重，但外卖员表明，零工经济也有可能发起抵抗。近年来，在创新性组织和罢工运动的推动下，欧洲各地出现了一波斗争和罢工的浪潮，展示了平台劳动力对工会构成的挑战，以及成功组织平台工人的窍门。

"最后一英里"服务目前是这类企业的一个焦点。平台的兴起满足了物流这个终极前沿的生产、流通和消费。在无所不在的按需逻辑背景下，"最后一英里"服务已成为时间和流量驱动下城市地理重构的重要因素。这种物流都市化不仅涉及新的交通基础设施、城市仓库以及被快递货车堵塞的街道，还包括未来的城市零售建筑和公共空间等。伴随着网络零售的兴起和更快的送货上门服务，这些公共空间已经发生了改变。

绝不可能不停顿

艾伦·塞库拉在《鱼的故事》(Fish Story)一书中写道："过去，港口居民被感官欺骗，以为全球经济是一种看得到、听得到、闻得到的东西。但是，随着港口货物的运输更加规范化、集装箱化，即越来越合理化、自动化，港口也变得越来越像股市。"对他而言，气味的消失是最明显的。过去用来嗅闻的商品如今被储存在"比例有点类似于拉长纸币"的箱子里。[①] 集装箱化物流景象的抽象特征对当代视觉艺术颇具吸引力，对物流行业也很有吸引力。网站、小册子、宣传视频和产品目录中都配有大量的集装箱、起重机和仪表盘的图像。这些图像、视频和叙述代表了人们对持续的、无缝的、畅通无阻的物流的想象。在研究物流和物流媒介时，这些说法可能十分诱人，但实际情况却大不相同。

2016 年 8 月，韩国韩进运输公司(Hanjin)宣布破产。消息一出，该公司的船队就陷入了困境。有些船只被扣押在港口等待法院判决，其他的则停泊在国际水域，以免遭到没收。一天又一天，船员们找不到供货商向他们出售水和食物。电子公司三星在其中两艘船只上装载着价值约 3800 万美元的货物，以至于公司担心无法赶在"黑色星期五"前的关键几个月为美

---

① Sekula, *Fish Story*, 12.

国客户提供服务。韩进海运的破产是 2007 年全球金融危机后航运业陷入危机的戏剧性表现。十多年过去了，全球集装箱船队的规模几乎翻了一倍。由于大规模的产能过剩和激烈竞争，货运价格下跌，许多航运公司面临破产的威胁。物流既是资本矛盾在空间和时间上转移的手段，也是这些矛盾的主体和承担者。集装箱和算法体现了标准化和模块化的力量，记住这些图像，就很容易把这段历史理解为一个无缝的、不间断循环的全球同化过程。本章的中心目的是推翻这个故事，主张物流业的运转绝不是无缝的。

大量的失败、障碍和系统性矛盾使全球物流业陷入了瘫痪。许多问题最初出现的原因可能平淡无奇，但仔细观察就会发现，它们往往可以追溯到物流业的内在矛盾及其复杂本质。这些矛盾包括但不限于劳动与资本之间的核心分歧，结果就是一个被分歧和矛盾撕裂的全球流通体系。这也是塞库拉在其视觉化和理论性作品中，针对集装箱货运被遗忘的空间所提出的观点。

在这些矛盾中，最重要的是资本与劳动力之间的矛盾。近年来的事实证明，二者之间的关系一直是混乱且难以控制的。从奥克兰港（Oakland）的关闭（可以说，这是整个占领运动中最有利的时刻）到瓦尔帕莱索（Valparaiso）的罢工与抗议，物流行业受到了一波工人斗争的冲击。在欧洲，德国、意大利、波兰和法国的亚马逊员工爆发了冲突，意大利北部物流重点地区的外来民工也展开了强有力的斗争。[1] 各地零工经济中的工人都开始组织罢工，还有更多地方的活劳动力拒绝被无缝插入供应链。如果本章的论点无误，如今的商品流通正变得愈发重要（物流行业对全球资本积累而言也愈发重要），那么对码头、船只、仓库和卡车司机来说，这也是一个好消息。简而言之，随着他们的劳动对资本的重要性日益增加，他们的（潜在）力量也在急剧加强。

---

[1]　Cuppini, Frapporti, and Pirone, "Logistics Struggles in the Po Valley Region."

第 2 章

游戏工厂：游戏

美国第 45 任总统唐纳德·特朗普的前首席战略官史蒂夫·班农（Steve Bannon）曾为一家以数字移民为主要劳动力的企业投资 6000 万美元。2006 年，班农说服他的前雇主高盛投资公司为一家名为互联网媒体娱乐（IGE）的公司投资。该公司当时是与《魔兽世界》等大型网络电子游戏相关的地下经济最重要的参与者之一。这款游戏曾经（在本书写作时仍旧）是全球数百万在线游戏玩家中最受欢迎的游戏之一。在班农投资时，《魔兽世界》的在线空间里共有超过 700 万名玩家。游戏中的数字世界是一派生动的中世纪景象——漆黑的森林、广袤的平原、绿油油的山脉、高耸的山川、辽阔的海洋，连绵不绝的城市和宁静的村落间居住着众多人类和神奇的生物。玩家可以击杀野兽、探索地图、彼此交流、完成任务。玩家的角色能够培养技能、积累金币等虚拟物品，同时缓慢地提升自己在游戏中的等级。

对于那些没有耐心或没有时间的玩家，IGE 公司可以提供"金币"（游戏内的货币），以换取真正的金钱。公司网站也会出售武器和稀有"坐骑"（可骑乘的生物）等虚拟商品，甚至还提供角色升级服务，让玩家提交账户，达到他们希望的等级后再将账户归还，以换取收入。尽管游戏发行商禁止通过非官方交易用真金白银换取虚拟商品，这种做法也遭到了许多玩家的反对，但这仍旧成为一项数百万美元的业务。2006 年，IGE 公司就是该业务最大的商家，在洛杉矶、上海和香港都设有办事处。对班农等投资者来说，不幸的是，IGE 很快遇到了麻烦。玩家们提起集体诉讼，反对用游戏中的货币换取真实货币，声称这将"严重损害"并"降低"他们的游戏体验。[①] 除此之外，游戏发行商暴雪娱乐对实钞交易采取了严厉措施，令 IGE 更难维持自身的利润率。最终，IGE 的虚拟货币业务被出售到国外，投资以失败告终。公司进行重新调整后更名为"亲和力媒体"（Affinity Media），经营多个游戏网站和社区。班农担任首席执行官，直到 2012 年成为臭名昭著的《布雷巴特新闻》（*Breitbart News*）主席。

和 IGE 一样，当时整个虚拟商品和货币交易的地下产业都受到了冲击，但今天它们仍存在于《魔兽世界》和其他游戏中。在遭遇了和 IGE 相似的法律问题后，大多数西方国家平台都将业务转移到了服务供应商的来源地——亚洲。截至 2006 年，IGE 的绝大多数库存都是亚洲职业玩家提供的。这些活跃在西方服务器的数字民工通常被称为"金农"。实际上，班农还加入了一家几乎完全基于民工劳动力的公司。

---

① *Hernandez v. IGE*，美国佛罗里达州南部地区法院案件卷宗，2007 年，https://dockets.justia.com/docket/florida/flsdce/1:2007cv21403 /296927.

洛杉矶、柏林之间的游戏劳动

乍一看，游戏产业似乎是距离泰勒主义工厂最远的工作场所，拥有自由，是充满创意、非正式、非等级化、与玩乐相关的行业理想。但本章要揭示的是游戏行业的另一张面孔：无聊、重复、单调、纪律严明的游戏劳动，比如连续数小时玩游戏赚取游戏道具的金农。无论是制作还是维护游戏的劳动，抑或是游戏内部的经济劳动，在很大程度上都缺乏创造性和交流性，既无聊又重复。当然，游戏行业拥有赚取高薪的明星设计师和专业玩家。他们是成千上万"粉丝"心中的电子竞技名人，但也要依赖大量的测试人员和在同一个游戏、同一个部分反复完成相同任务的金农。与创作本书的初衷一致，这些人的劳动是我最感兴趣的。

本章的主角首先是亚洲数字工厂中所谓的"金农"，其次是大型游戏生产商的游戏开发和质保数字工人。二者都属于游戏产业复杂的跨洲价值链的一部分。关注他们的日常工作，我们看到的游戏产业将是一幅数字工厂的画面，而不是供拒绝长大的电脑迷享乐的游乐场。下一节的主角"金农"通常工作的地点是数字工厂的典型场所。有些游戏工厂拥有数百名员工、集体宿舍、轮班制度、配额和主管。玩家在电脑前 24 小时轮流工作，在线上游戏中积累可以转售的数字产品。这些产品大多会被想要升级游戏体验的西方玩家收入囊中。

本章的第一部分关注的是游戏内部地下产业的政治经济，第二部分将转向游戏的生产。开发一款现代电子游戏通常要花费数亿美元，涉及开发过程不同环节的数百名员工。本章的这一部分尤其关注其中一个不那么吸引人的环节：质保和测试工人的工作。他们的大部分工作是连续几天玩同一个场景的游戏。和金农熟悉的劳动环境一样，这些人所代表的游戏行业工人群体的劳动特点是单调和重复，且劳动条件不稳定、工作时间长。测试员和金农都是电子游戏多面向政治经济发展的一部分。尽管二者间的巨大差异不可否认，它们却也有惊人的相似之处，将游戏产业不同形式的数字劳动力联系起来。

"一周7天，一天12个小时，我和我的同事都在打怪"

21世纪初，在经历了多年的传闻和激烈的讨论之后，"打金"已成为游戏行业背景下一项价值数百万美元的业务，在类似工厂的环境中雇用了大量工人。起初，商业打金是个人玩家的行为。他们发现，将积累的数字产品出售给其他玩家可以赚钱。有些玩家开始购买多台电脑同时打金，还有些玩家组建了团队，在客厅和地下室中展开专营业务。21世纪初，一些规模较大的工作室开始出现。据传，韩国企业家已经开始利用低廉的劳动力成本，雇用人员在《魔兽世界》等流行的角色扮演游戏中成为职业玩家。截至 2008 年，有 40 万至 100 万数字工人受雇于打金工厂。[1]

亚洲之所以能够成为运营中心，不仅是因为相对低廉的劳动力成本，还因为其庞大的游戏人口：亚洲用户是《魔兽世界》最大的玩家群体。这些已经精通大型网络电子游戏的玩家不需要多少培训，就能构成所需的劳动力储备。尽管仍有少数金农继续在西方国家运营，但他们很快就被亚洲数字工厂的工人轻易超越。2016 年，一名加拿大金农报告称，他几乎无法依靠每天 12 小时的劳作维持生计，只有亚洲打金业产量大幅衰退导致金价上升时，他才能获得最大的利润。[2] 大多数客户来自美国和欧洲，因为新的中产阶级拥有更多的空闲时间和金钱来玩游戏。

2005 年，一名年轻的金农在向报社记者描述自己在《魔兽世界》数字领域里的工作时说："每周 7 天，每天 12 个小时，

---

[1] Heeks, "Current Analysis and Future Research Agenda on 'Gold Farming.'"

[2] "I am payed to play MMORPGs and it sucks." Anonymous post on Cracked.com, April 16, 2016, http://www.cracked.com/personal-experiences-2228-im-paid-to-play-mmorpgs-its-nightmare-5-realities.html.

我和我的同事都在打怪。"[1] 他打金得来的数字产品会被雇主出售给拥有数字平台的中介机构，由他们转售给那些希望快速提升游戏等级的人。他所属的工厂位于一座旧仓库的地下室，里面还有许多工人在完成和他相似的任务。一座典型的游戏工厂拥有 20 台至 100 台电脑，大约 50 名至 200 名工人。这些工人要轮班打游戏，所以每台电脑都得连轴运转。虽然有些工作室是由一群试图通过爱好谋生的朋友组建的，但大多数工作室的运营都采用纪律严明的专业方式。不少数字工厂会为工人提供宿舍和餐食，工人几乎都是 16 岁至 40 岁的男性。[2]

大部分游戏工人缺乏必要的计算机、游戏软件和账户，也没有语言技能和 Pay-Pal 账户或其他支付途径，无法直接与中介平台和西方客户开展业务。因此，他们要被迫将劳动力出售给打金工厂的所有者。规模较大的工作室尤其倾向于使用高度组织化的运作方式，有些还会通过主管、打卡和轮班制度来维持电脑每天 24 小时运作。许多数字工厂的设计可以被描述为典型的工厂车间与网吧的结合。一些比较专业的工作室还配有制服和空调，墙壁上挂着鼓舞士气的海报；另外一些工作室则配有陈旧的电脑并位于简陋的建筑中，电脑产生的热量令人

---

[1] 《纽约时报》对某金农的引述（参见 Barboza, "Boring Game? Hire a Player"）。

[2] Dibbell, "The Chinese Game Room."

难以呼吸。一些小型游戏工厂的老板既要指挥游戏工人，又要与客户开展业务；而规模较大的工厂往往由主管控制工人，劳动分工十分复杂。一名游戏工人在游戏博客中描述自己所在的数字工厂时表示：

> 我所在的第一家打金公司规模很大。我猜公司拥有至少 1 万个打金账户。我所在的工作室有 40 个人轮班打金，有些人白天上班，有些人夜里上班。所以我们可以做到每周 7 天、每天 24 小时不间断地打金……我感觉每天都很疲惫。你可以想象，我每天至少要打金 10 个小时，一直盯着电脑屏幕，总是看着同样的场景和同样的角色，令人身心俱疲。[①]

正如这名工人所说，打金任务往往是单调乏味、令人疲惫的。每一班持续 10 个至 12 个小时。虽然一些工人本身就是忠实玩家，但这份工作还是很难让人乐在其中。就算一些活动涉及比较复杂、激动人心的游戏功能，但多数工作内容仅限于做一些非常简单的任务。和大部分游戏一样，《魔兽世界》拥有一些被视为"打金区"的区域，因为在这里活动能让用户在相对较短的时间里积累金币或其他物品。这里经常

[①] 博客 *Eurogame*, 金农 Nick Ryan, 2009 年 3 月 25 日，http://www.eurogamer.net/articles/gold-trading-exposed-the-sellers-article?page=3.

出现金农的身影。观察金农在数字场景中的工作，你能明显体会到打金的重复性和单调性。大多数情况下，金农可以反复利用一个有利可图的功能或系统漏洞。令人惊讶的是，许多金农在闲暇时仍然热衷于这个游戏，尽管他们报告称，自己的工作既单调又累人。一名游戏工人指出："你试试一周六七天、每天 12 个小时来回点击同一个东西，就能明白这是否是一个游戏了。"

艾泽拉斯的政治经济

《魔兽世界》可能是全球最知名的大型多人在线角色扮演游戏。自从 2004 年发布第一版以来，这款游戏深刻地改变了网络电子游戏的格局。在游戏每月超过 1000 万玩家订阅的背景下，许多玩家每天大半的时间都沉浸在游戏的数字世界中。游戏成了许多玩家日常生活的一部分，并迅速上升为一种文化现象。自 2004 年发布以来，《魔兽世界》不断扩张，15 年间已吸引了超过 1 亿名玩家。如今，游戏在全球不同地区的服务器上运行，有 11 种语言可用。所有玩家都要支付订阅费，为发行商动视暴雪带来了数十亿美元的赢利。该公司的总部位于加利福尼亚州，拥有约 9600 名雇员，包括多个业务部门，为商业模式各异的各个平台发行了数量众多的游戏，包括《使命召唤》(Call of Duty)、《命运》(Destiny)、《小龙斯派罗的大冒险》

（*Skylanders*）、《暗黑破坏神》（*Diablo*）、《糖果传奇》（*Candy Crush Saga*）和《农场英雄传奇》（*Farm Heroes Saga*）。《魔兽世界》是其中最赚钱、最著名的作品之一，还经常以其他文化产品的形式出现（比如电视剧、书籍）。

玩家注册《魔兽世界》之后，必须首先设计一个角色。该角色是玩家在电子游戏中的化身，通常需要很长一段时间来成长，拥有自己的经历、特定功能和数字外观。《魔兽世界》的背景是一个名叫艾泽拉斯（Azeroth）的奇幻世界，各种类型的人类和非人类角色都有可能存在。大多数角色要么属于联盟，要么属于部落。游戏的背景就是两大派系的持续冲突。进入艾泽拉斯之后，游戏玩家作为这个神奇世界中的数百万居民之一，就开始了自己的生活。玩家可以打怪、探索地图、完成"任务"。和大多数角色扮演游戏一样，玩家的目标是在各个维度上培养他或她的角色，发展力量、灵敏度、精神和耐力之类的属性。随着《魔兽世界》的发展，如果没有其他玩家的帮助，前进就会变得越来越难。因此玩家联合起来形成了公会，也就是游戏中的基本社会单位。组成公会的玩家群组人数不等，有的不到 10 人，有的超过 160 人。大家通力合作，通过聊天工具交流协作，完成具有挑战性的任务。

评估角色的指标非常复杂。在游戏的各个关卡中，角色必须收集力量、经验、武器、坐骑（在游戏中非常重要）以及更多的东西才能晋级。要想获得武器和护甲之类的物品，关键在于游戏内的货币——金币。金币可以从各种生物和其他玩家那里劫掠，也可以通过采摘草药、开采金属或捕鱼等活动获得。角色的数字劳动成果均可以在拍卖场所交易。享受游戏的程度通常由一个人的数字财产决定，但这些财产必须通过完成不那么令人愉悦的任务才能获得。虽然游戏的大部分内容是复杂的，且往往需要合作和有趣的活动，但单调枯燥的重复性动作也是《魔兽世界》的重要组成部分。尤其是在级别较低的关卡中，提升角色的任务是游戏体验的一大特点，而且"许多任务往往是机械且重复性的，接近于泰勒主义，具有流水线的性质"——数字文化学者斯科特·雷特贝格（Scott Rettberg）评论道。[①] 在《魔兽世界》中，要想积累金币和财产、提高等级，几乎没有办法躲开那些费力的部分。玩家认为这个体制是公平的，因为不存在捷径，所以游戏中的财产可以代表玩家投入的时间和拥有的技能。但对于那些为"刷任务"而倍感沮丧、想要赶上朋友们的玩家，或是那些渴望拥有强大角色的人来说，这样的机制就是一个问题。反过来，这个问题也为职业金农奠定了基础。

---

① Rettberg, "Corporate Ideology in World of Warcraft," 30.

数字地下经济

撇开后来引入的一个限制性功能不谈,《魔兽世界》官方不允许玩家使用游戏内的货币和道具来换取真金白银,以便为所有用户提供一个公平的竞争环境。这为《魔兽世界》和其他拥有类似封闭虚拟经济的游戏奠定了基础。打金的方式多种多样,经典的方法是通过玩游戏赚取游戏内的货币——《魔兽世界》的货币被称为"金币"。金农登录游戏后可以使用他或她的角色执行某些任务。《魔兽世界》的典型任务就是杀死一群敌人,敌人会掉落金币和其他有价值的道具。金农捡拾道具后可以将其储存在角色的账户中。通过各种平台和中介,这些金币稍后会被出售给愿意投资购买数字金币的玩家。另一项服务被许多玩家称为"练级"。提供这项服务的游戏工人要培养角色达到不同的游戏等级,并积累力量、技巧、武器和金币,之后再将账号交给买家,从而节省买家通过较低等级所要花费的时间和努力。第三种更复杂的打金方式是将60个游戏工人聚集在一起,组成一个高水平的玩家群体,作为"雇佣军"出售给《魔兽世界》的客户,在最后的关卡中充当与终极怪兽战斗时需要的支持力量。

在谷歌上简单一搜,就能发现许多出售《魔兽世界》金币、其他游戏货币、数字物品,甚至是成熟角色的网站。德国市场的领导者MMOGA.de就是这种网络商店之一,它能够提供各种各样的游戏服务，声称拥有超过 700 万的客户。针对《魔兽世界》，它能够为各种服务器提供金币，还能提供各种可能的交易和等级提升方法。平台承诺："为了快速达到预期目标，你的角色只能由职业玩家进行升级。"广告还接着声称，这些职业玩家"不会使用可能威胁您账号的第三方程序或机器人"。[①]2016 年，一家外国公司以 3 亿欧元的价格收购了 MMOGA 公司。[②] 这样的数额——以及几乎没有人注意到这笔交易的事实——表明该行业虽然收入颇丰，但在很大程度上属于地下产业。原因在于这些平台一直处在法律监管的灰色地带。虽然《魔兽世界》和其他游戏的发行商明确不允许出售金币兑换钱财，但具体的法律规定并不明确，因为在出售虚拟物品或虚拟货币兑换真实货币方面，大多数国家的法律都很薄弱。

此外，平台往往充当了金农与客户之间的桥梁。"我们就像一家证券交易所。通过我们，你既可以买进，也可以卖出。"某游戏工作室的创始人艾伦·邱（Alan Qiu）表示："我们可以把不同的工作外包出去。有些人说，我想从 1 级升至

---

① 摘自 MMOGA.de,https://www.mmoga.com/content/Intermediation-Process. html, accessed September 13, 2014.

② 博客 *Online Marketing Rockstars*, Torben Lux, 2016 年 6 月 13 日 , https:// omr.com/de/exklusiv-mmoga-exit/.

60级。我们可以找人来做这件事情。"① 对于许多没有多少空闲时间的玩家来说，这是一个颇具吸引力的选项。在《魔兽世界》中，要想达到最高等级，一个人平均要花费数百个小时的时间。"我们会从数万名金农手中购买金币，再通过零售平台进行转售。所以在一定程度上，我们属于出口商。"另一家出售虚拟物品和虚拟货币的大型平台的雇员在揭秘公司的商业模式时指出："唯一的区别在于，这些货物是虚拟的，且交易过程是在数字环境中进行的。"② 金币农场的所有者，甚至是中介平台最终都获得了最大的利润。

由于打金在全球范围内都属于地下行业，因此很难估算其收入。史蒂夫·班农的老公司 IGE 在鼎盛时期的虚拟商品销售额从 3 亿美元至 100 亿美元不等。③ 当时该行业的运营还比较公开。IGE 希望能与一些规模最大的游戏发行商达成协议，却从未实现。发行商很快开始针对打金采取更加严格的措施。IGE 将业务转移到了国外，其美国分公司与不满的玩家达成和

---

① 《纽约时报》某打金农场所有者（参见 Barboza, "Boring Game? Hire a Player"）。

② 某中介平台雇员，摘自博客 *Eurogamer*, Nick Ryan, 2009 年 3 月 25 日，http://www.eurogamer.net/articles/gold-trading-exposed-the-sellers-article?page=3.

③ 参见 Dibbell, "The Decline and Fall of an Ultra Rich Online Gaming Empire"; Heeks, "Understanding 'Gold Farming' and Real-Money Trading."

解,《魔兽世界》的虚拟物品遭到禁售。国外的分公司设法稳定下来,几年来一直是数字金币和其他物品最受欢迎的在线商店。但由于一些不明的原因,公司在抛售这些业务后下线。这段动荡的岁月加强了打金的地下经济地位,令行业在整体规模和发展方面的可靠数据和信息更加难以收集。一些平台试图专注于中介角色,将大部分风险推到了实际从事打金劳动的网站,也就是游戏劳动力所在的数字工厂。

双重民工

多年来,打金劳动力的构成已经发生了变化,因为一部分初代工人(大部分是曾在网吧里打金的学生)如今都开设了自己的工作室,并越来越多地雇用来自偏远地区的民工。某打金农场的所有者解释称,他们"更喜欢雇用年轻民工,而不是大学生。这份收入对学生来说不算丰厚,对来自农村的年轻民工而言却颇具吸引力"。一些金农在进入蓬勃发展的城市之前曾是真正的农民。在《魔兽世界》的网络空间中,他们第二次成了外来民工。

2011 年,碎片式自制纪录片《金农》(Goldfarmers)为我们了解数字劳动力的生活提供了难得的视角。这部妙趣横生的低成本纪录片不仅洞察了几家游戏工作室的工作条件,还关注了打金劳动力的另一个方面。纪录片特别关注民工在游戏中的体验，以及他们与西方玩家的互动——这些接触通常是充满敌意的。《金农》中出现的一名游戏工人指出："如果他们知道你是金农，会说你无权待在这里，甚至会无缘无故地攻击你。"

虽然许多西方玩家会使用金农的服务来推进游戏，但《魔兽世界》的主流文化是不赞成商业打金和以真金白银买卖金币的。这种行为被认为是作弊，违背了游戏精神和游戏内的经济体系，一些玩家认为这样做会导致游戏内的通货膨胀。因此，金农的行为经常受到攻击。这些数字工人知道打金会激起许多西方玩家的仇恨，其中一些工人自己也是充满激情的玩家，明白自己的工作会干扰其他玩家玩游戏。《金农》中出现的一名工人解释道：

职业玩家通常会待在一个地方，反复杀死同一个怪物，这样就能持续得到金币。这就是他的工作。他还要承受来自老板的压力，所以他必须待在那里。如果其他玩家来到这里，他别无选择，只能与他们对战。因为他必须工作，压力很大。我们确实会对普通玩家产生影响……如果你们在游戏里看到一个打金者，希望你们能够理解他的工作，给他一点儿空间。他会非常感激的。他不会去其他地方打扰你。他只需要一点儿空间。

在《魔兽世界》的世界里，打金已经变得非常种族化。由于身体特征并非网络游戏种族化的出发点，所以金农的主要标志就是一种特定的游戏风格，或者说游戏中的劳动。在许多情况下，金农很容易被发现。他们经常待在同一个地方，通过执行相同的任务来赚取金币。角色的这种行为方式表明，他们不是在玩游戏，而是在工作。有时候，就连待在可能要打金的地方，他们都有可能招致种族主义的攻击。因此，打金劳动已经严重种族主义化，而这些种族主义的形象和口号反过来又加剧了人们对打金行为的强烈反对。

有些工人的唯一任务是将金币交给买家在游戏中的角色，或是吸引新的客户，不过需要警惕敏感的玩家和游戏管理员——暴雪公司在游戏内的"警察"。这些金农经常被比作线下接头的毒贩。在西方玩家的想象中，这种人几乎总是以民工的形象出现。在聊天频道投放低价换取金币的广告是引起玩家对金农产生不满的根源。这些广告促使暴雪公司引入了反垃圾信息系统，使得在游戏内部进行推销变得十分困难。在《魔兽世界》中，金农会被视为在其他玩家的游戏空间中工作的非法移民。在整个游戏地图中，人们总是会以种族定性的方式来区分合法的"休闲玩家"和不受欢迎的"金农"。那些名称由数字组成或看上去不"西方"的角色经常会遭到怀疑，被其他玩家搭讪时没有反应的人也一样。西方玩家甚至会成立"义务警员"组织，追捕"金农"。

纪录片《金农》还扼要地介绍了西方玩家对打金的反应。其中一名玩家名叫加雷斯（Gareth），是美国的硬核玩家，还专门为游戏开设了一档广播节目。他经营着一个网站，反对所谓的"金币销售行业"。在被问及对金农的看法时，他表示金农"不尊重游戏公司的知识产权，也不尊重游戏中的其他玩家"。[1] 据他所说，一些西方玩家会在网站上列出著名的金农及其经常出没的地点，"好让人们在无聊时可以去干掉这些金农，阻止他们收集金钱和物品"。[2] "干掉"是指杀死或阻止用于打金的角色，让工人们很难完成工作。

某些玩家会在视频网站上上传自己攻击金农的视频，配上"金农必死"这样的标题。甚至还有人制作了反对玩家打金的歌曲和视频。在一篇优秀的论文中，中村丽莎（Lisa Nakamura）展示了这些视频在《魔兽世界》劳动力种族化方面的推进作用。[3]《金农》中接受采访的玩家加雷斯提到，他的广播节目曾经促成过一场反对金农的袭击行动：

我在《魔兽世界》电台上做了一期节目，去了（《魔兽世界》）一个很受欢迎的地方，东瘟疫之地的"提尔之手"

---

[1] Goldfarmers 中提到的一名北美游戏玩家、反打金积极分子。

[2] 同上。

[3] Nakamura, "Don't Hate the Player, Hate the Game."

（Tyr's Hand）。这里是打金的热门地点，因为金农可以在这里捡到掉落的东西（被杀死的生物身上掉下来的金币和物品）。在节目中，我们大约有20个人守在那里，金农每次出现都会被我们干掉。这很好玩。[①]

数字劳动力 / 数字外来民工

这些工人拥有一种奇怪的双重地位：虽然身处原籍国，却属于发展中国家新兴的数字工人阶级。在游戏及其周边文化的空间中，他们创造了许多传统，展现了几乎和"现实世界"中的民工一样的特质。他们以工人的身份进入游戏空间，却不符合空间本身的主导文化。他们的劳动作为一种服务被出售给西方玩家，却也因此招致了其他西方玩家的攻击。在其他人休闲的地方工作，是从事线下职业（多数为服务业）的外来民工共同的特征。无论是在代表性还是在经济地位上，金农都处于同民工和发展中国家"廉价劳动力"等同的地位。有趣的是，这样的双重地位竟能体现在同一个人身上：一名金农既是工作室里处于边缘地位的外包劳动力，又是数字领域里因为打金工作备受种族主义攻击的民工。

---

① Nakamura.

在一项针对印度 IT 工人流动性的民族志研究中，A. 阿尼许（A. Aneesh）提出了"虚拟移民"（Virtual Migration）的概念，以阐释数字技术带来的新型劳动力流动形式。[①] 虽然印度 IT 行业的许多数字工人已经移民欧洲、美国或澳大利亚，但其他人仍旧留在印度，为西方公司工作。各种各样灵活的临时模式旨在将劳动力和基础设施成本与客户的个性化需求相匹配。这些过程以各种复杂的方式将印度的 IT 热点（及其地方和国家特定的流动模式）与全球其他地点连接起来，为常见的外包实践增加了额外的维度。利用"虚拟移民"这一概念，阿尼许描述的是身在印度却为海外客户工作的工人的经历。他们的劳动处在与其实际位置不匹配的文化、空间和时间背景下。他认为，这些为西方公司工作却没有离开印度的印度数字工人是"没有迁移的移民"。[②]

"虚拟移民"的概念之所以重要，是因为它表明，在网络经济的背景下，外包等概念在描述地理位置的变化时缺乏空间、社会和经济的复杂性。和印度的 IT 工人相比，网络游戏中的政治经济和游戏工人的经历可能更能说明，我们熟悉的"外包"（Outsourcing）和"离岸"（Offshoring）概念，与网络数字劳动力的现实和经历并不相符。在线多人游戏既是一种全

---

① Aneesh, *Virtual Migration*.
② Aneesh, 2.

球经济，也是一个共享的生活世界。许多休闲玩家和职业玩家都把醒着的大部分时间花在了这些游戏中。金农请求西方玩家理解其工作、在游戏中给他们一点儿空间，表明游戏中的互动既有情感含义，也有经济内涵。对个体工人来说，袭击会让工作变得更艰难——无论是在情感方面，还是在大多数工人每天必须完成的配额方面。在非法或不正规经济环境中工作的实际风险、脆弱性和情感因素是数字民工和许多其他线下民工共同的特征。

数字打金的地下经济及其产生的数字民工，代表了新形式的全球基础设施连接所产生的一种新的拓扑地理学（Topological Geography）。数字劳动力的本质或其产品的性质表现出了某种特性，使劳动力流动和商品流动之间的划分复杂化了。网络基础设施和软件允许数据在全球范围内以毫秒为单位传输，例如，不同的工人可以在不同的大陆上同时从事同一项目。这产生了复杂的空间结构，挑战了"外包"和"离岸"等常见术语。

事实证明，"虚拟移民"或"数字移民"等术语有助于人们展开进一步思考。我并不是主张与外包或离岸形式彻底决裂，相反，这些概念可以被添加到现有的词汇表中，以便我们更好地理解当前由数字技术或基础设施带来的劳动力流动性的转变。我们可以看到，数字技术和基础设施不仅挑战了拓扑经济空间的概念，还挑战了与劳动力流动性、劳动力倍增相关的问题。它们属于正在进行的全球空间异化过程，构成了碎片化的、重叠的、不稳定的地图，并质疑了诸如南和北、中心和外围等固定的分类方式。

在边缘的数字游戏工厂和《魔兽世界》数字经济中工作的外来民工不仅是"双重民工"，还处在一个复杂的经济拓扑结构中。劳动力、劳动和消费网站，以及在重叠的层面上运行的买家网站，被《魔兽世界》的政治经济、网络基础设施、各种形式的中介平台、支付系统等各种协议绑在一起。这些复杂的碎片化空间技术形态与民工形象紧密相关。金农也许就是这种现实的典型范例。

淘金热过后

《魔兽世界》打金行业的鼎盛时期可能已经结束。虽然很多平台还在继续提供《魔兽世界》的金币，但其业务范围已经变得多样化。休闲玩家和游戏发行商对金农的攻击给这些工作室造成了经济影响，其中一些工作室还因为账户和 IP 地址被禁而被迫关闭。和《魔兽世界》的情况一样，打金行为遭到了许多游戏的封禁，就连游戏公司也在与之抗争。《魔兽世界》的发行商暴雪公司雇用了大量的技术专家，试图保护游戏免受金农和机器人的扰乱，同时还有不少"游戏管理员"——暴雪公司雇用的游戏客服——会花费大量时间追捕金农，关闭可疑的打金账号。暴雪公司每个月都要关闭数千个疑似用于打金的账号。这项行动几乎只针对金农，不针对他们的客户。在反打金行动的一再打压之下，打金工作室被迫关门歇业、解雇工人、出售电脑。

据游戏界的传闻，曾有一波黑客大量涌入市场，促使暴雪公司采取保护玩家账户的行动。可以说，此举让《魔兽世界》的玩家账户一时间比银行账户还要安全。除了封禁账户和其他压制措施，暴雪公司还通过让这种商业模式暂时合法化来打击打金活动。2015 年，暴雪公司引入了《魔兽世界》代币。玩家可以从暴雪公司手中购买代币，然后在拍卖行出售给其他玩家，换取金币。在拍卖行购买了代币的玩家不能将其换回硬通货，但可以获得一个月免费游戏的机会。通过引入合法的金币购买渠道，暴雪公司在金币和货币交易中占据了一席之地，同时还削弱了打金的商业模式。代币对公司而言用处不大，因为《魔兽世界》的金币不允许兑换现金，这为打金行业留下了一些回旋的余地，尤其是当其价格低于代币的时候。然而，这样的空间在《魔兽世界》中已经越来越小。

工资上涨也对这些地区的数字工厂产生了不利影响。某些地区还出现了工人斗争的浪潮，工人们要求在整体利润中占据更大的份额。打金仍是游戏世界的一个问题。举个例子，近年来，在受到危机冲击的委内瑞拉，玩家为了赚取收入，已经开始转向《江湖》（*Runescape*）之类的游戏。在恶性通货膨胀的背景下，打金提供了一种以外币创收、维持收支平衡的方式，在《江湖》游戏中造成了紧张局势。红迪网（Reddit）论坛开始出现如何在游戏中消灭委内瑞拉金农的指南，在游戏玩家之间引发了争议。[①] 许多人批评委内瑞拉金农，指责他们只顾在经济上生存；还有人坚持认为他们的行为是违法的。不过，许多委内瑞拉游戏工人认为自己别无选择。正如一名临时游戏民工在接受澳大利亚某游戏网站采访时所说："我的一些朋友每天都要玩游戏，如果不玩，他们当天就没有饭吃。"[②]

委内瑞拉和其他国家的工人为外国服务器充当虚拟工人的经历，清楚地展现了数字资本主义中劳动力流动的复杂拓扑结构。网络游戏世界成了经济空间，因而也成了劳动和剥削的场所，会发生以游戏内货币、打金工作和冲突为中心的复杂的政治活动。游戏的空间性激活了以全球不平等为基础、通过各种基础设施实现的复杂价值链。这些基础设施不仅包括服务器和光纤电缆，还包括中介平台和全球支付基础设施。不仅如

① Reddit网站上的讨论，https://www.reddit.com/r/2007scape/comments/6xnfso/killing_venezuelans_at_ east_drags_guide/, accessed October 30, 2020.

② Kotaku网站上的引言，Nathan Grayson, 2018年4月2日，https://www.kotaku.com.au/2017/10/the-runescape-players-who-farm-gold-so-they-dont-starve-to-death/.

此，在休闲玩家和职业玩家共同组成的生活世界中，以非正规劳动的种族化为中心，还引发了另一种政治活动。显而易见，数字化正在深刻地改变劳动力和流动性，而数字移民会继续成为一种更加重要的劳动力流动形式。

这些形式的数字移民必须与其他形式的流通相一致。越来越多的货物不仅通过船只和飞机运输，还能通过横贯大陆的光纤电缆运输，深刻地改变了全球生产与流通的地理格局。如今，劳动力的流动形式多种多样，最明显的就是数以亿计的民工跨越国界或迁往城市，寻求更好的生活。除此之外，全球物流和基础设施允许劳动力以商品的形式在世界范围内流动；通信系统令数据和服务的远距离传输变得更快。和人员与商品较为明显的流动形式相比，本章研究的金农在网络游戏中的虚拟迁移形式就不那么明显了。一名在非正规领域内工作的委内瑞拉工人一边为玩家阶层服务，一边还要遭受玩家的种族主义虐待和攻击，被指责是"无权待在这里"的人。这样的境况与许多跨国务工人员有相同之处，但乍看并不那么明显。

制作游戏：游戏工作室中的劳动与冲突

现在让我们来换个情境。新地点是一家位于柏林的游戏企业工作室，这里正在制作和维护一款与《魔兽世界》十分相似但场景较小的游戏。该工作室属于一家大型德国企业，2016

年被某外国游戏公司收购，作为其独立子公司继续运营。2010年，该公司收购了另外一间破产的游戏工作室，并在柏林设置了办公室。办公室位于柏林著名的亚历山大广场附近某办公楼的 6 层，拥有约 60 名员工。这里的建筑和附近的其他办公楼没有太大区别，但拥有一些游戏行业的典型特征，比如巨型屏幕、主机、豆袋椅、乒乓球和能量饮料。尽管拥有这些典型的新经济产物和明显的休闲氛围，这里也会发生劳资冲突。

毫不夸张地说，在斯莫林公司（Smalline）的柏林办公室里，你只能找到一张纸，那就是贴在走廊黑板上的劳资委员会公告。[1] "德国工业法规定，任何关于劳资委员会的信息都必须以书面形式发布。"劳资委员会发言人解释称："我们所有的内部通信都是线上的，通过内网发布。"[2] 在他看来，这是员工权益和游戏行业间关系的范例："我的同事认为，工会和罢工是极其过时的，竟然还要通过纸张和亲自参加会议来推进。没有电子邮件，没有视频会议，大家都觉得这种做法相当过时。"[3] 但他领导的工会是个独特的成功案例，在欧洲尚属首例。在一个几乎没有听说过罢工和工会的行业里，劳资委员

----

[1] 公司名称已更改。

[2] 摘自对斯莫林公司柏林办事处质保员工、工作委员会创始人的采访，柏林，2013 年 12 月。

[3] 同上。

114

会（德国众多"传统行业"的标配）的存在仍然相当特殊。

2012 年，游戏产业的泡沫破灭。虽然公众对此鲜有耳闻，但这一事件几乎给所有的欧洲游戏生产商带来了危机。德国大型游戏企业斯莫林就此迎来了成立劳资委员会的契机。公司解雇了近 100 名雇员，令其他员工陷入了恐慌。如今的劳资委员会发言人当时也在离职名单之列。他的临时合同已经过期，公司又没有让他留任的意图。但他发现了德国劳动法的一个漏洞：法律规定，员工的临时合同到期后，公司必须将他或她送回家，否则这名员工就会成为永久雇员。危机造成的混乱时局对他十分有利。"许多人力资源部门的人也遭到了解雇，所以情况混乱不堪。"他解释称，"他们不了解法律，也没有送我回家，所以不得不给我一个永久职位。一个小时之后，我成立了劳资委员会。"①

在德国的游戏产业中，他的这项倡议取得的成功独一无二。斯莫林的竞争对手 Supgame 工作室的员工开始计划成立劳资委员会时，雇主很快就做出了反应，对他们进行威胁和施压。②2015 年，两个不同的工人团体联系了德国服务行业工会，讨论成立劳资委员会的可能性。同年秋天，工会秘书长到 Supgame 位于汉堡的办公室了解情况，但事情并未按照计

---

① 摘自对斯莫林公司柏林办事处质保员工、工作委员会创始人的采访，柏林，2013 年 12 月。

② 公司名称已更改。

划进行。在她到场的那一天，邀请她的员工在办公室前的街道上与她见了面。"他们当天早上被告知自己被解雇了，必须马上打包物品，在押送下离开办公室。所有人都十分震惊。"[1]

Supgame 声称，解雇行为与劳资委员会的倡议无关，但工会和员工都心知肚明。许多遭到解雇的员工都曾通过办公室通信频道熟悉并讨论建立劳资委员会的最佳方式。事实证明，在被解雇的 28 人中，不少人都参与了这方面的谈话。Supgame 曾因园区配备游泳池和免费餐食，还会举行各种派对而广受好评，但很多员工都抱怨这里假期少、日程紧、工资低。2015年，德国制定了最低工资标准，实际上意味着 Supgame 的许多员工都应获得加薪。就连拥有大学学历的全职开发员，每月工资也不到 2000 欧元。在 28 名员工遭到解雇之后，公司内的讨论仍在继续。许多人称自己受到了恐吓，工会也遭到了攻击，被视为"意欲伤害公司的外部因素"。[2] 最终，在 2016 年年初，公司通过召开会议成立了一个劳资委员会，但超过半数的雇员投了反对票。6 个月之后，Supgame 解雇了 500 多名员工，几乎是其员工总数的一半。也许到那个时候，劳资委员会才能被证明是有用的。

---

[1] 摘自（德国服务行业工会）负责 Supgame 的工会秘书的电话采访，柏林汉堡，2017 年 5 月。

[2] 摘自对斯莫林公司柏林办事处质保员工、工作委员会创始人的采访，柏林，2013 年 12 月。

测试工作

斯莫林的主要办事处位于德国的非官方"游戏之都"汉堡，其他办事处分布在马耳他（Malta）、里昂、伊斯坦布尔（Istanbul）、首尔、旧金山和柏林。与 Supgame 在汉堡的园区相比，斯莫林的柏林分支低调得多。柏林办事处的唯一任务是维护和开发游戏《龙之声在线版》（*Dragonvoice Online*）。[①] 这是一款多人线上游戏，与《魔兽世界》类似，但商业模式不同：《魔兽世界》以订阅为基础，而《龙之声》是一款免费游戏。玩家可通过浏览器登录游戏，选择角色来玩。玩家选择的角色会掉落在一个中世纪魔法世界中，需要独自或与其他玩家一起完成任务、获得力量、通关升级。与《魔兽世界》相比有过之而无不及的是，这款游戏的晋级也依赖玩家在游戏内积累的货币。这是斯莫林商业模式的关键所在。由于游戏既没有订阅费，也没有广告费，在游戏内出售货币就成了发行商唯一的收入来源。这需要游戏的开发团队谨慎地操控玩家的受挫程度。这款游戏如今拥有超过 1700 万注册账户，其中定期玩游戏的用户人数在 200 万左右。在这些玩家中，只有一小部分会购买游戏内的货币，但其花销已经足够让游戏赢利。

在整个研究过程中，斯莫林的一支工作团队引起了我的

---

① 名称已更改。

117

注意：质保部门的游戏工人。质保团队的任务是查找游戏中的错误，将其报告给软件工程师。游戏大约每两周会更新一个新版本，上传至测试服务器。质保工人必须对其进行测试，查找错误。"你要测试出口、入口、各个房间、虚拟饮料、武器和角色动作等内容"，一名质保工人解释道。[1]如果测试员找到一个错误，就要填写一张"错误通知单"，发送给责任团队进行修复。测试工作往往既单调又重复。"这一过程看起来像是真的在玩游戏，只不过你一直在做同样的事情，非常累人。"[2]即便一些质保雇员闲暇时也喜欢打游戏（这种情况在员工中很常见），测试的过程还是令人筋疲力尽。"我曾在一家钢铁厂工作过一年。这里的工作和那里一样累。当你花了一整天的时间试图重现同样的错误、至少点击了 7 万次电脑鼠标的时候，你已经烦透了。"[3]

质保工人通常是早上第一批到达公司的，他们要测试前一天更新的版本。《龙之声》在柏林从零开始开发，包含 50 多万行代码，并且还在不断地修改、增加。除了要编码，测试还是一项劳动力高度密集化的工作，因为它很难自动化，必须由

①　在斯莫林公司柏林办事处的官方访问之外与工作委员会创始人的对话，柏林，2014 年 4 月。

②　同上。

③　在斯莫林公司柏林办事处的官方访问之外与工作委员会创始人的对话，柏林，2013 年 12 月。

人工完成。同时，这些工作多半不需要经过大量的训练或具备非凡的创造力，具有高度的可替代性。大部分质保工人都缺乏正规培训，只有少数人拥有 6 周的培训课程证书。他们的团队通常包括两类员工。第一类属于团队的核心成员，其中大部分人已经在斯莫林工作了一段时间，不少人甚至已经在自己的岗位上工作了好几年，有的希望能够晋升到公司的其他职位。与他们共事的第二类员工是短期雇员。团队需要他们为游戏提供新的看法，将他们称为"测试佬"（Testing Monkeys）。这些员工几个月后就会被新的员工替代。其中不少人是实习生，而且全都是游戏迷，十分渴望在游戏行业就业。"有的人对这份工作居然带薪感到十分惊讶。他们很高兴能够来到这里工作，因为可以看到游戏是如何开发的。至少一开始是这样的。"① 劳资委员会的领导解释道。他也在质保部门工作。

这种情况不仅适用于斯莫林的质保团队实习生，也适用于整个行业。"90% 的雇员都是游戏行业的'粉丝'"，斯莫林柏林办事处的劳资委员会发言人俯瞰着亚历山大广场，用讽刺的语气总结道，"参与这项伟大事业的热情有种宗教感"。② 这提高了许多员工接受低薪和长时间工作的意愿，也使得工会很

---

① 在斯莫林公司柏林办事处的官方访问之外与工作委员会创始人的对话，柏林，2013 年 12 月。

② 在斯莫林公司柏林办事处的官方访问之外与工作委员会创始人的对话，柏林，2014 年 4 月。

难在这个行业中取得进展。Supgame 汉堡办事处的工会秘书长证实了这种说法："他们都是'粉丝'，真心想来工作，因此往往愿意接受低薪和恶劣的工作条件。"[1]

就斯莫林的案例来说，工人自我组织的开端是由裁员推动的，但薪酬问题也起到了一定的作用。劳资委员会的发起人向我解释称："我成立劳资委员会的主要原因是，我的时薪只有 5 欧元。"[2]5 欧元的时薪远远低于当时德国政局中讨论的任何一项最低工资的标准，只存在于建筑或清洁等少数其他行业中。通常情况下，质保员工是游戏企业中的底层劳动力，受晋升到公司其他职位的激励，更有动力接受低薪、长时间工作、固定期限的合同以及往往令人筋疲力尽的单调劳动形式。美国游戏行业的情况与此相似：测试人员多半是年轻工人，而且大多是临时合同工。他们认为自己位于游戏公司的最底层，极有可能被解雇。[3]红色风暴公司（Red Storm）是加利福尼亚州北部一家享有盛名的工作室。在杂志《雅各宾》（*Jacobin*）的一篇文章中，该公司的一名前任质保工人称，加入质保部门的许多年轻工人都希望在"新兴的电子游戏行业好莱坞"中获得晋

---

① （德国服务行业工会）负责 Supgame 的工会秘书的电话采访，柏林汉堡，2017 年 5 月。

② 在斯莫林公司柏林办事处的官方访问之外与工作委员会创始人的对话，柏林，2013 年 12 月。

③ 另参见 Bulut, "Playboring in the Tester Pit."

升。大部分人都要从临时工做起，只能领取最低薪酬，高峰期每周工作 60 个小时。工作的波动性很大，临时工经常会在项目结束后被解雇："不再需要临时工时，这群人通常会被集中起来，不事先通知就当场解雇，并被告知如果再次需要他们的服务时，会打电话通知他们。"[1]

整个行业还有一些典型特征，包括"关键时刻"（Crunch Time）等现象。在斯莫林的薪资结构中，质保测试员的薪水处于底层，却和同一办公室内的其他工作团队成员一样，存在许多共通的问题。游戏行业一直以加班著称。典型的例子就是"关键时刻"——即一款游戏、一个新的关卡或一次重要版本更新发布前的数天或数个小时。斯莫林的一名员工这样描述道：

"关键时刻"到来时，大家会带上睡袋，在发布之前住上 5 天。你不能离开办公室，也不能回家。我们会订购比萨，没日没夜地工作。如果有人想要回家照顾孩子，可能会遭到批评。[2]

---

[1] 《雅各宾》对一名前任质保员工的引言（参见 Williams, "You Can Sleep Here All Night"）。

[2] 在斯莫林公司柏林办事处的官方访问之外与工作委员会创始人的对话，柏林，2013 年 12 月。

这种情况暗示了游戏从业者为何以男性为主的一个原因。女性仍旧肩负着照顾子女的主要责任，通常无法接受冗长且高度灵活的工作时间。除了工作时间，斯莫林的劳资委员会还提到了游戏行业内普遍存在的性别歧视问题——例如玩家门（Gamergate）丑闻——这是游戏行业女性从业者人数较少的原因之一。事实证明，这些相互关联的问题，特别是"关键时刻"的劳动强度，以及游戏文化内猖獗的性别歧视引发的斗争，是全球游戏产业中两个最重要的冲突和争议点。[①]"关键时刻"是游戏行业中一个由来已久、众所周知的事实。新经济中的新自由主义与行业职业化相结合，形成了苛刻的工作条件。这种工作条件往往将专业性和创造性两种工作文化的弊端结合在一起。新经济中的创业文化总是将"创造""自由"与普遍且经常无偿的加班相结合。尤其是在大型工作室中，扁平化的等级制度和自由精神荡然无存，加班现象却依旧存在。

以艺电（Electronic Arts）为例

如今，全球游戏产业的年收入已经远超 1500 亿美元。举个例子，2013 年发布的游戏《侠盗猎车 5》（*Grand Theft Auto V*）的销售额创纪录地超过了 60 亿美元［截至本文撰

① Woodcock, "The Work of Play."

写时，该数额是史上票房最高的电影《复仇者联盟：终局之战》(*Avengers: Endgame*) 收入的两倍多〕。游戏产业的核心是 Rockstar (《侠盗猎车》的发行商)、腾讯、育碧 (Ubisoft)、索尼和艺电 (EA)。艺电雇用了 9000 多名员工，其中 1300 人在公司位于温哥华的最大的工厂内工作。艺电将这座数字工厂打造成了一座园区，其中健身房、美食、文化项目应有尽有，和加利福尼亚州的谷歌村相似。综观所有的数字工厂，健身房和篮球场等设施都是形成创造性与自由工作文化的关键。但这些设施在我参观时往往空无一人，令人疑惑。针对乒乓球桌无人使用的情况，一名斯莫林的员工在回答我的问题时解释道："我们有时会用它作为两人会议的地点。你可以边打球边讨论项目。这对你的后背有好处。"[①]

游戏行业仍旧笼罩在源自早期电子游戏的"工作即游戏"的神话中。许多最初的电脑游戏是出于无聊而被设计出来的，并没有真正地被视为商业或文化产品。这些游戏大多是与军方合作开发冷战武器的大学计算部门制作的，通常是模拟技术的衍生产品，在很大程度上能够作为科学家的消遣。和计算机甚至互联网一样，美国军方和大学在冷战期间建立的联系是数字

① 在斯莫林公司柏林办事处的官方访问之外与工作委员会创始人的对话，柏林，2014 年 4 月。

游戏开发的背后驱动力。[①] 几十年来，大部分游戏都是科学家和工程师在实验室里制作的衍生品和消遣方式，比如1962年麻省理工学院开发的著名游戏《星际飞行》（*Spacewar*）。他们的俄罗斯对手在创造这种消遣时虽然效率不高，但至少可以宣称，至今仍大受欢迎的《俄罗斯方块》（*Tetris*）是莫斯科苏联科学院多罗德尼琴计算中心（Dorodnitsyn Computing Centre of the Academy of Science）的一名计算机科学家发明的。

通过实验室的学生，这些游戏才传播开来。《星际飞行》游戏则是一些计算机科学家通过互联网的前身——军方的阿帕网（ARPANET）进行传播的。[②] 在越南战争和学生抗议运动的背景下，一些年轻的科学家对资助他们项目的国家和军队日益不满。从这个意义上来说，在工作时间开发游戏和玩游戏也可以被理解为一种低级的抗议形式。克雷格·德·皮特（Greig De Peuter）和尼克·戴尔–韦瑟福德在其影响深远的著作《帝国的游戏》（*Games of Empire*）中指出，那些年，"虚拟游戏是对工作的一种拒绝：它们象征着休闲、享乐主义，以及对打卡、纪律与生产力的不负责任"。[③] 他们还特别提到了20世纪70年代的一家早期游戏公司雅达利（Atari）及其所体现

① 可参见 Crogan, *Gameplay Mode*; Dyer-Witheford and De Peuter. *Games of Empire*; Kline, Dyer-Witheford, and De Peuter, *Digital Play*.

② Kline, Dyer-Witheford, and De Peuter, *Digital Play*, 87 - 88.

③ Dyer-Witheford and De Peuter. *Games of Empire*, 27.

的"反工作"文化自由精神。他们认为，如今的大型游戏公司"这种无政府的自我形象是雅利达时代遗留下来的，尽管对某些小型游戏公司来说起到了一定作用，却很难与艺电这样的巨头抗衡——但这仍旧是游戏所具有的魅力中一个极富神话色彩的元素"。[1]

2004 年，某艺电员工的伴侣发表的一封公开信引发了一场丑闻，令艺电陷入了针对游戏产业工作条件的争议中心。这篇署名为"艺电配偶"的博文以苦涩的语气抱怨其伴侣遭到的剥削，最后质问艺电时任首席执行官的拉里·普罗布斯特（Larry Probst）："你知道你对自己的员工做了什么，对吗？"[2] 该博文引发了针对游戏产业工作条件的持续争论。这封公开信中的一个关键点正是"关键时刻"。作者声称，"关键时刻"在许多制作环节中并非例外，而是一种常态："项目的每一步都要按计划进行。'关键时刻'既不能加速这一过程，也不会减慢这一过程；它对实际产品的影响并不显著。延长工作时间是提前计划好的；管理者知道自己在做些什么。"[3]

在将游戏产业专业化的同时，艺电还利用混乱无序的情

---

[1] Ibid, 55.

[2] 这封信的作者开设了博客 *EA Spouse*，书信内容博客中可见，2004 年 11 月 10 日。http://ea-spouse.livejournal.com/274.html.

[3] *EA Spouse*, 2004 年 11 月 10 日，http://ea-spouse.livejournal.com/274. html.

形增加工作时间、向员工施压。针对 2004 年的这场冲突,《华尔街日报》(*Wall Street Journal*)报道称:"与艺电传达的时髦、富有创意的形象大相径庭,公司的内部工作更像是一条飞速运转的全天候汽车装配线。"[①]2005 年到 2006 年,艺电与软件工程师、平面设计师的无薪加班集体诉讼案达成和解。这些软件工程师和平面设计师分别获赔 1490 万美元和 1560 万美元。自此以后,虽然艺电员工的工作条件有了显著改善,但许多方面的整体情况仍旧一如往昔。大部分从业人员认为,他们仍需要在"关键时刻"加班加点。这表明,"关键时刻"是剥削数字劳动力、规避劳动法规的一项常规策略。在许多情况下,它似乎属于占用劳动力更多时间的正常策略。创造性劳动的"自由精神"和"热情"是促成这些策略的关键文化因素。

虽然"关键时刻"仍然是组织劳动力、增加剩余价值的重要组成部分,但游戏行业从工程师的车库和地下室起步,已经走过了漫长的道路。斯莫林的柏林办事处拥有所有游戏公司应有的元素。尽管如此,你在很多方面还是很难将它们与附近的 IT 办公室区分开来。近年来,在经历严重危机的同时,游戏产业也出现了爆发式的增长,让许多工人产生了该产业"已然成熟"的印象。

游戏设计师和程序员是员工团队的核心,其工作条件和

---

① Guth and Wingfield, "Workers at EA Claim They Are Owed Overtime."

薪资水平都优于测试员。但在软件和游戏行业的某些领域，黑客形象往往掩盖了程序员工作的标准化、程序化特征。代码是"以软件形式明确化的劳动"，尽管代码的产生条件差别很大，编码劳动却往往是相同的——重复且乏味。① 媒体理论家尤·帕里卡（Jussi Parikka）指出，"乏味"而辛苦的编程工作有着悠久的历史。从阿兰·图灵（Alan Turing）关于计算的未来是"办公室编程工作"的断言，到20世纪70年代施乐帕克研究中心（PARC Xerox）将编码劳动划分为创造性的"元编程"（Metaprogramming）及其技术执行，再到如今帕里卡勾画出"软件工作作为工厂工作"的文化历史② ——游戏产业不可能不受这些趋势的影响，即便是更具声望和创造性的编码领域，也越来越受制于标准化、分解和配额的影响。

一项针对澳大利亚游戏产业工人的研究也发现了类似的专业化发展趋势——至少在大型工作室中是这样的。这需要更长期的合同，以及在游戏制作过程中增加结构、标准和等级。③ 这种趋势也会导致劳动的分解和更复杂的分工，促进专业化，带来更加重复的任务。援引一名从业人员的话："同一扇门我要打开500多万次，同一个音效我要听5000多遍。这

---

① Berry, *The Philosophy of Software*, 39.

② Parikka, "Cultural Techniques of Cognitive Capitalism," 42.

③ Thompson, Parker, and Cox, "Interrogating Creative Theory and Creative Work."

一年接下来的每一天，我都要玩 Viroshot。我敢说 365 天以后，它就不会是我玩过的最精彩的游戏了。"另一位受访者补充道："有人创作头部，有人创作身体，有人创作环境，有人赋予它们生命。"[1] 和柏林的情况一样，外包是这个过程中的重要组成部分。"许多绘图工作都被外包给韩国的大型绘图工厂。那些工厂每天能专门制作 300 件数字装甲，质地各异，还带有自动曝光、图像灰度矫正和 3D 模型。"一名斯莫林的雇员解释道。[2] 在这一点上，这份工作恰好被转移到了职业打金业务起步的地方。

冲突、快乐与物质

过去几十年的冲突促成了行业的专业化，然而其收益却分配不均。游戏劳动是阶层化的：有些工人享有相对稳定的高薪，许多风险都被放在更加灵活的不稳定工人身上。本章的示例特别展现了这些劳动制度之间的摩擦是如何成为不满和劳工斗争的根源的。近些年来，国际电子游戏产业出现了不同的冲突和问题。诸如游戏工人联盟和"电子游戏工人工会"等比较

---

[1] Ibid, 324.
[2] 在斯莫林公司柏林办事处访问期间对员工的采访，柏林，2014 年 4 月。

新的组织表明，寻找集体表达的渴望仍继续在电子游戏从业者中传播。[①]

　　显然，游戏行业并非线性的、无摩擦的泰勒化创意工厂。相反，这一领域展现出了不同劳动制度的复杂重组。这两种制度在游戏的制作过程中都拥有一段历史。在工作中，游戏的乐趣有时是真实的，就连打金业的数字工人都能从工作中找到乐趣。游戏行业的许多从业者本身就是电子游戏迷。他们参与这个行业的乐趣和长时间工作、低工资带来的痛苦一样真实。更确切地说，把创造力的诱惑和文化视为一种旨在更好地利用劳动力的简单意识形态，是不切实际的。相反，我们有必要在合理化、日益深化与复杂化的劳动分工背景下去理解这种劳动制度的关系和发展。

　　尽管身在柏林总部的测试员和身在亚洲的金农的工作流程有些相似，但二者的一般工作条件却大相径庭。一般来说，游戏产业涉及多种制作、流通线路，从刚果民主共和国的钶钽铁矿开采、墨西哥的电脑组装、加利福尼亚州的编码人员、柏林的叙事开发、美国的图形开发，到制作数百万个像素物体的韩国数字工人、印度客服热线、中国的光盘和游戏包装生产——即使是单个游戏的制作，也涉及各种经济线路和层面。数字劳动力分布在全球各地，以各种方式进行划分，并按等级

① Ruffino and Woodcock, "Game Workers and the Empire."

分层排列。

最后，本章想说明游戏产业劳动力、基础设施和产品的物质性。多人网络游戏会产生大量的数据。庞大的数据量以及休闲玩家、职业玩家通过更快的互联网连接获得的优势，都表明个人电脑、路由器、网络连接和数据中心、光纤电缆以及其他数字连接的物质基础设施的重要性。这些基础设施及其对电力的需求体现了游戏物质性的另一个方面：2006 年，尼古拉斯·卡尔（Nicholas Carr）估计《第二人生》（*Second Life*）中的一个角色消耗的电力与一个普通的巴西公民相当。①

这些计算机和互联网的基础设施与国家边界、劳动力再生产的特定成本、语言技巧、基础支付设施以及许多其他因素相互作用，形成了一幅复杂的经济地图。要将这幅地图概念化，无论是国家经济的概念工具，还是把互联网理解成一个平坦且没有边界的虚构平面，都达不到目的。相反，我们有必要了解，这些全球基础设施的连接和断开意味着边界的倍增与分裂，从而导致劳动力和民工数字的倍增和分裂。

---

① Nicholas Carr 的博客，2006 年 12 月 5 日，http://www.roughtype.com/?p=611.

第 3 章
分散的工厂：众包工作

2013 年，艺术家兼建筑师尼克·马斯顿（Nick Masterton）制作了一段视频短片《离岸外包》（*Outsourcing Offshore*）。[1] 不过，"制作"在这里的意思并不是指制作者亲自生成视频的内容，而是通过亚马逊土耳其机器人、任务兔（Task Rabbit）、五美元网站（Fiverr）等众包工作平台，将拍摄和配词解说的工作交给一群分散的网络从业者。在这些平台上，雇主会发布一些微任务，供工人以小额费用在家用电脑上完成。马斯顿创建的任务要求工人拍摄自己的工作场所或午餐，以及为工作生活录制简短的音频文件。工人们还会被问及他们的通勤方式，被要求唱他们最喜欢的歌，或是谈论对未来的希望与担忧。随后，这位艺术家将这些任务成果剪辑成一部短片，内容是对全球各地工人生活的视听印象。他们坐在个人电脑前，完成着众包工作平台给他们安排的各项任务。

工作场所的照片为工人们嘈杂的声音和五花八门的故事补充了亲密感。他们工作的地方大多是家庭、卧室、晚餐桌或露台上的个人电脑旁。照片以蒙太奇的形式展示了一个分散式的工厂，其中数千名工人在不同的地方彼此孤立地工作。平

---

[1] Nick Masterton, "Outsourcing Offshore," 2013, https://vimeo.com/101622811.

台的算法结构将这些工人连接起来，组织他们展开无形的合作，将其纳入全球竞争之中。《离岸外包》的抽象性和亲密性对数字工厂平台进行了恰当的刻画：一个个分散式的卧室工厂，以一种看似微不足道的方式连接着全球形形色色的劳动力。

如今，包括马斯顿用来完成视频项目的平台在内，众多众包工作平台雇用了全球数百万的数字工人。他们在个人电脑上工作，组成了一支高度灵活、随需应变的劳动力队伍，几秒钟之内就能完成某些工作任务。大多数人辛苦完成的都是一些（尚且）无法用机器计算的微任务。通过算法基础设施将分散的人类认知组织起来，就能轻轻松松地解决这些问题。在线劳动平台制定了新的控制形式和灵活模式，充当非集中式的数字生产场所，对全球经济的许多节点都至关重要，尤其是人工智能的生产与培训。如今，数百万工人会登录数字劳动平台，从事图片分类、测试软件、转录录音或优化搜索引擎结果等工作。这些工人通常隐藏在人们的视线之外，分散在全球各地，却是数字工人阶级和更广泛的互联网政治经济中一个日益庞大的组成部分。

在本书的背景下，通过众包工作平台组织的数字计件工作是数字工厂的典范和具体实例。在众包工作中，数字技术允许工作呈现标准化、分解、量化和监督的新模式——这往往要通过（半）自动化管理、合作与控制来完成。众包工作平台

（和许多其他零工经济平台相似）的特点是算法管理和自动化监控。这些平台的工人都是独立承包商，与平台的合同关系只在完成微任务期间存续，通常只需要几秒钟。这种随需应变的劳动形式具有极大的灵活性和偶然性。在这一方面，数字平台暂时代替了延续数个世纪的临时工作传统，包括按日计酬的零工和在家进行的计件工作。

新形式的数字控制和旧形式的灵活合同，再加上平台通过互联网联系所有人的潜在能力，使马斯顿在《在线外包》中纳入了对深度异化、全球分散的劳动力的描述。与传统工厂不同，平台在空间、时间或生活方式上都不需要太高程度的同化。由此可见它与经典的泰勒主义的重要区别：数字泰勒主义不会产生福特主义意义上的"大众工人"。此外，本章还将通过描述众包工作如何产生新的工人群体——其中多数为女性和负有照管责任的人，以及发展中国家农村的新数字工人——来分析劳动力的倍增。数字平台能让公司在几秒钟之内按需找到或遣散分布在全球各地的工人。这种劳动形式的先驱还是亚马逊。

"人即服务"

2006 年，亚马逊创始人兼首席执行官杰夫·贝佐斯在麻省理工大学的一场演讲中承诺，他将深入了解"隐藏的亚马逊"——公司内部那些不像全球知名在线零售平台那么知名的部分。[1]他以"亚马逊网络服务"（AWS）的名义介绍了几项在线服务，尤其是云计算基础设施。亚马逊网络服务虽然没有引起公众太多的兴趣，却令亚马逊成为全球范围内最重要的云计算服务供应商，其客户包括流媒体平台网飞和美国中央情报局。然而，贝佐斯 2006 年在麻省理工学院发表演讲时并没有以服务器群和数据电缆为开场白，而是提到了亚马逊网络服务的另外一个分支——众包工作平台"亚马逊土耳其机器人"。该平台提供活劳动力服务的基本原则遵循了云计算的逻辑：外包、灵活、调控自如、按需提供。

和亚马逊网络服务的其他分支一样，土耳其机器人最初是为了解决亚马逊业务运营中遇到的问题而开发的。在构建网络市场的过程中，亚马逊试图开发能够精准识别网站上所有重复和不适宜产品的软件。但事实证明，计算机无法处理这项任务。亚马逊没有雇用额外的工人来辅助软件，而是开发了土耳其机器人平台，将这项工作作为人工智能任务，外包给网络用户。软件会生成一份预选产品清单，将假定的复制品上传至土耳其机器人平台，由平台注册的工人来决定商品是否真的是复

---

[1]　MIT TechTV, "Opening Keynote and Keynote Interview with Jeff Bezos" 2006, http://techtv.mit.edu/videos/16180-opening-keynote-and-keynote-interview-with-jeff-bezos.

制品，并换取 2 美分的报酬。事实证明，基于平台将无法用计算机处理的任务外包给灵活的众包劳动力的模式是成功的。亚马逊很快向其他公司开放了该平台，让它们在付费后在线外包自己的工作。不久，其他公司也开始利用土耳其机器人向众包工人外包微任务，包括图片分类、纠正文稿中的拼写错误、书写产品描述、搜索电子邮件地址、参与不同的调查、将各种数据数字化后进行分类等。

雇用工人从事数据处理任务本身并不是什么新鲜事。文员、秘书和电报员已经存在了几个世纪。目前，这方面最近的例子包括雇用居家工人完成各种客户服务工作，以及居家翻译等工作。早期的互联网经济最初也是由拥有固定工作的人下班后在家完成有偿或无偿的劳动推动的：这类人包括聊天室管理员、软件测试员、业余爱好开发者、游戏修改者、电子邮件发送清单处理员等。[1] 不过，众包工作平台的速度、规模和算法组织造就了众包工人新的独特品质。曾对人机交互和亚马逊土耳其机器人展开开创性研究的莉莉·伊拉尼（Lilly Irani）解释道："不必雇用数百名居家工人工作几周的时间，你可以雇用 6 万名工人只工作 2 天。速度和规模的转变会产生质的变化，人工逐渐被理解成计算过程。"[2]

---

[1]　Terranova, "Free Labor"; Scholz, *Digital Labor.*

[2]　Irani, "Difference and Dependence among Digital Workers," 226.

其他平台很快开始复制亚马逊先进的商业模式。如今，包括土耳其机器人平台在内，成千上万个众包工作平台都在按照贝佐斯 2006 年在麻省理工学院演讲时制定的原则运行："你们都听说过软件即服务。但从根本上来说，'人即服务'。"[①]

按需劳动力的全球生态

通过数字平台组织劳动已经成为一种日益扩大的全球现象。众包工作平台组织和控制劳动力的逻辑是零工经济的特征，还在持续扩大到新的领域。优步、Helping 或户户送等平台的劳动是在线下完成的，因此会被限定在某些特定的地方。除此之外，这些平台都表达了类似的按需劳动、灵活合同和自动化管理的逻辑。更笼统地说，对众包工作平台劳动关系的理解，应该被置于算法管理和监控形式兴起，以及各个行业劳动力市场不断增强的灵活性趋势的背景下。这些发展是广泛且多面的，远远超出了零工经济和数字平台的范围。从这个意义上来说，这里所描述的许多逻辑并不局限于数字劳动力平台，还应该作为数字资本主义劳动转型的一个重要趋势进行分析。因此，尽管在算法控制的按需劳动中，众包工作平台在某些方面

[①] MIT TechTV, "Opening Keynote and Keynote Interview with Jeff Bezos."

显然是一个特殊且极端的例子，但它们也是工作世界中普遍趋势的表达，值得作为未来工作的实验室进行仔细分析。

"众包工作"（Crowdwork）泛指通过在线平台外包给大量利用数字设备进行远程工作的人的劳动。因此，众包工作平台就是数字劳动的中介。从实际角度来说，这种劳动主要包括通过笔记本电脑或智能手机等数字设备处理数据的工作。这是优步或户户送等基于地理位置的零工经济平台与众包工作平台的主要区别。前者的工人利用汽车、脚踏车和自行车将乘客和食物运输至城市各处。和这些工人一样，众包工人也不是平台的雇员，通常被形容为"独立承包商"——没有固定合同的自由职业者。大部分众包工作平台都起着中介作用，允许其他企业将大量任务外包给全球各地随需应变的工人，供他们换取收入。平台不仅要组织这些任务的调解工作，还要精确控制劳动过程，处理付款和评级。也就是说，它们倾向于在战略上将自己定义为网络劳动力市场或科技公司，以避免对工人承担责任。

由于众包工作并不正规，通常还是非正式的，且具有全球性，想要衡量众包工人阶层的规模既困难又复杂。土耳其机器人自开放之初，其业务规模就出现了爆发式的增长，并实现了显著的多样化。如今，亚马逊的这个先驱平台已经被许多竞争者超越。全球最大的众包工作平台包括Freelancer.com，一个提供各种数字工作的平台。截至2019年，注册该平台的自

由职业者超过 2700 万人；Upwork.com 平台也拥有 1200 万名
工人。传统的劳动力市场统计方式往往无法说明这些劳动形
式，量化该劳动力市场整体规模的尝试应该被理解为粗略的估
算。2015 年，世界银行估计这些平台上的注册工人数量约为
4800 万；2017 年的另一项估算将中国平台也考虑进来，估计
注册工人为 7000 万人。[1] 当然，并非所有工人都一直处于活
跃状态，其中一部分账户处于休眠状态，所以活跃的众包工人
的人数要少得多，但应该仍然在千万人左右。综上所述，这些
研究表明，不论是在发展中国家还是发达国家，平台劳动力已
经开始成为劳动力市场的一个重要组成部分。

如今，在线众包工作平台存在的形式和目的各不相同。
有些平台的任务比较复杂（比如面向程序员、设计师和翻译人
员的平台）。在这些平台上，自由职业者要在全球范围内展开
工作竞争，有时要采取投标和竞赛的模式。在这些平台上，排
名、资历和经验都是重要的衡量标准，工人的个人资料对他们
获得更多工作至关重要。组织高质量、复杂工作的平台属于
众包工作平台的一个极端，其工作任务通常被称为"宏任务"
（Macrowork）。相反，亚马逊土耳其机器人这样的平台提供的

---

[1] Kuek et al., *The Global Opportunity in Online Outsourcing*, 7; Heeks, "Decent Work and the Digital Gig Economy" and "How Many Platform Workers Are There in the Global South?"

任务大多十分简单，属于众包工作范畴内的另一个极端。这些任务主要是重复性的，只需很短的时间就能完成。本章的研究重点就是这一领域，即杰夫·贝佐斯 2006 年在麻省理工学院提到的"微任务"："把它想象成微任务，只需花上一分钱，就能找人告诉你，照片中是否有人。"[1]

"我们在全球范围内拥有全时段的按需劳动力"，亚马逊土耳其机器人网站在广告中写道，"非常适合工作流程中需要手动处理的简单重复任务"。[2] 对登录的工人来说，这句话中"任务"的意义可以被理解为，只需要几分钟甚至几秒钟就能完成的简单任务。在土耳其机器人网站上随便看看，就会发现以下几种人工智能类任务：查看收据图像，分辨收款公司——报酬 0.02 美元；仔细录入图像中的文本——报酬 0.01 美元；为照片中的图像提供尽可能多的标签——报酬 0.02 美元。[3] 微任务平台上拥有成千上万项类似的工作。

这些小而简单的任务通常是按件计费的，不需要正式的资格认证，内容包括图片分类、语音转录、产品描述、拍摄照片或短视频、参与调查、对各种数据进行分类。虽然本章主要关注众包工作范畴中的这一端，但很难划分微任务和宏任务之

---

[1]　MIT TechTV, "Opening Keynote and Keynote Interview with Jeff Bezos."

[2]　Mechanical Turk, https://www.mturk.com/, 2019 年 12 月 30 日访问。

[3]　从 Mturk 上获得的随机 HIT 样本，2019 年 12 月 30 日访问。

间的区别，因为即便是在同一平台上，任务的性质也存在很大的差异。无论如何，重要的是，今天的众包工作并不局限于低级的数据处理，它还在逐渐入侵数字劳动的其他领域。

人工智能背后的劳动

近些年来，人工智能的训练与优化已成为推动众包工作发展的主要因素。除了其他方面，人工智能的发展基础是庞大的分类训练数据集，而数据集的产生需要大量的人工劳动。如今，众包工作平台提供的数百万小时的隐藏劳动，都是为无人驾驶汽车提供动力、让各种装置理解人类语言的算法所必需的。Click-worker 是德国的一个平台，在 130 多个国家拥有超过 180 万名的注册工人。该平台在广告中表示，它专门服务于机器学习软件的开发者："利用人类优化的机器学习训练数据来改进你的人工智能系统和算法。本平台的工人能应对各种规模的项目，帮你训练人工智能系统，提高搜索的相关性和核心服务的整体效率。"[1]

在该平台还提供一系列其他服务，完成从搜索引擎优化到内容创作等一系列任务，其他平台则专注于蓬勃发展的人工智能应用培训数据领域。2018 年，早期的众包公司之一

---

[1]　Clickworker, https://www.clickworker.com/, 2019 年 12 月 30 日访问。

Crowd Flower 将自己的品牌更名为 Figure 8，开始专注于机器学习应用程序的培训数据集。该平台于 2019 年被另一家专注于人工智能的众包工作平台 Appen 收购。"培训数据本身无法自行标记或收集。创建和注释可靠的训练数据都需要人类的智慧。"Appen 网站的广告写道："我们的平台能够收集并标记图像、文本、语音、音频、视频和传感器数据，帮助你构建、训练并持续改进最具创造力的人工智能系统。"[①] 和该平台的一百多万名工人一样，越来越多的平台数字工人都参与了智能家居应用程序的人工智能语音识别软件的开发与培训，录制手势视频训练数字助手，或标注图片中的行人与红绿灯，以训练自动驾驶算法。

虽然上述示例和更多的例子涉及的都是投入大量资金的人工智能系统的关键领域，但众包工作对数据需求旺盛的自动驾驶领域尤为重要。近些年来，福特、大众和通用汽车等传统汽车制造商，以及优步、苹果和谷歌等新成员都在雄心勃勃地投资开发全自动驾驶汽车（以及比较温和的辅助系统）。其中，谷歌的子公司 Waymo 在许多方面都走在研发领域的前沿。自动驾驶市场的竞争特点是大规模的资本投入、广泛的舆论讨论以及公司和大企业间的激烈竞争，包括优步和谷歌之间关于窃

[①] Appen, https://appen.com/solutions/training-data/, 2020 年 10 月 23 日访问。

取商业机密的重要诉讼案引发的僵局。在这场研发自动驾驶汽车的竞争中，一个至关重要的组成部分是带有注释的数据集，其中包含一辆汽车在行驶过程中会遇到的各种事物的图片。

由于安全至关重要，无人驾驶汽车必须尽可能地识别出自己所遇到的一切，包括其他车辆、行人、骑自行车的人、红绿灯、交警检查岗、动物、建筑工地和坑洼等。为了训练算法，开发者需要大量带有注释的照片和视频素材。这就是为什么全球会有那么多工人登录众包工作平台，花费大量的时间在视频和图片素材中标记、注释物体。这些素材大多是车辆行驶过程中拍摄的视频。工人的任务包括进行各种形式的标记，并指出镜头中的不同对象。其他工人会复核同事所作的标记，或者各种算法在模拟过程中作出的判断。在训练数据以及精度方面的新要求，不仅导致许多现有的平台专注于为机器学习进行数据注释，还推动创建了专门满足自动驾驶汽车软件开发者需求的新平台（比如 Scale 和 Mighty AI）。[①]Mighty AI 平台（其面向工人的界面被称为 Spare 5）于 2019 年被优步收购，关闭了面向其他客户的业务，专门为优步的自动驾驶汽车开发服务。

众包工作平台的外包劳动力在许多领域都发挥着重要的作用。与之相似，众包工人对自动驾驶系统所做的隐形贡献也

---

① 另参见 Schmidt, *Crowdproduktion von Trainingsdaten.*

说明，备受瞩目的自动化过程是如何由人力大举推动的。数十万平台工人注释数据的"幕后工作"对自动驾驶汽车的发展至关重要。[①] 和自动化方面的许多问题一样，围绕自动驾驶讨论的论文总是专注于技术，往往夸大了算法的能力，却忽略了自动化过程中所需的人力劳动。

亚马逊的先驱平台"土耳其机器人"的名称就很好地反映了人力对自动化系统的重要性。"土耳其机器人"是指 18 世纪一台引发了诸多关注的国际象棋机器。该装置由一个"土耳其"木偶和一个看似十分复杂的仪器组成。作为一台会下棋的机器，土耳其机器人获得了惊人的成功，据传甚至战胜过拿破仑·波拿巴（Napoleon Bonaparte）等人。然而其中的秘密非常简单：土耳其机器人实际上是一个机械假象，里面躲藏了一个棋艺高手在操作。[②] 讽刺地是，阿兰·图灵曾将它作为人工智能研究方面的早期示例。沃尔特·本杰明（Walter Benjamin）也将其视为唯物史观与神学之间关系的寓言。土耳其机器人已经成为人类与机器、科学与魔法间边界地带的象征。亚马逊决定用这样的"第一台电脑"来为自己的平台命名，正如公司早年间为平台打出的广告标语所说，这是一种"人工的人工智能"。

人工智能的发展及其在复杂环境中的应用是一个动态的

[①]　Gray and Suri, *Ghost Work.*

[②]　Aytes, "Return of the Crowds."

过程，特征是会遭遇重大挫折，且人类劳动具有持续的重要性。事实上，一段时间的热情过后，近年来自动驾驶汽车的发展已有所放缓。离开受控的有限测试区域后，现实的交通环境存在无数的复杂情况，自动驾驶汽车在应对这些情况时存在缺陷，从而引发了许多质疑的声音。有人声称，全自动驾驶汽车在可以预见的未来无法成为现实。一些公司提出，要想帮助身陷复杂路况的自动驾驶汽车，一个可能的方式是让工作人员随时待命。这些遥控操作员可以在客户服务中心工作或按需通过平台进行操作，在收到汽车软件的呼叫后帮忙导航。这样的场景展示了众包工人未来可能从事的一项职业：在卧室和厨房里引导被卡住的自动驾驶汽车。

　　无论如何，全球劳动力在数字平台上的现状表明，自动化目前还不能被理解为越来越智能的软件和复杂的机器人会取代简单工作。相反，众包工作作为一个重要示例，说明了新技术的发展是如何改变劳动世界的，在摧毁一些工作的同时又创造了新的工作，并在此过程中改变了价值链。在一段时间内消失的工作，通常会在其他时候以不同的形式重新出现。就众包工作而言，那些被认为应该由算法完成的工作实际上往往是由大量按需工作的劳动者隐藏在德国的民宅、委内瑞拉的网吧或肯尼亚的街道上完成的。这些工人与机器学习有着复杂的关系：他们是发展过程中的重要驱动力，却时刻面临着被这些产品取代的危险。正如前文所言，这样的发展的确对人类劳动提出了前所未有的新要求。从工人的角度来看，与其担忧未来，不如立足当下。新的组织及控制形式、新的抵抗方式、真正的数字劳动力全球市场已经出现。

"我需要赚 100 欧元才能维持收支平衡"

丹尼尔（Daniel）是一名众包工人。27 岁的他在报纸上读到了这个行业的相关信息，决定在各个平台上进行尝试。如今，他主要在德国平台 CrowdGuru 上工作。该平台的工人人数相对较少，只有 5 万人左右。他的办公地点是位于柏林威丁区（Wedding District）的一间学生公寓，书桌上显眼的位置摆着两块屏幕和一只沙漏。他需要这份工作。虽然父母能供他在德国工业大学学习，他还做了学生助理，但钱仍然不够用。"我需要赚 100 欧元才能维持收支平衡"，他解释道，"大多数时候，我都能赚到这笔钱，最好的时候一个月能赚 400 多欧元。"[1] 房租在飞速上涨，即便是威丁区这种破败的工人阶级聚居区，也很少有能够省钱的选项。众包工作能让他买得起书本这样的小奢侈品。

丹尼尔的特长是从事与文本相关的微任务。除了传统的微任务，CrowdGuru 平台提供了不少文本方面的工作，主要是

---

[1] 对学生兼众包工人丹尼尔的采访，柏林，2016 年 3 月。

为网络商店和其他公司撰写产品描述和短小的广告文案。对网站来说，涵盖适当关键词的原创文本至关重要，能让网站出现在搜索引擎结果的前几名。因此，网站迫切需要人工创作的文本。丹尼尔这样的众包工人就满足了这样的需求。这方面的典型任务是创作产品描述，服务对象可能是一家五金店的网店，要求内容 200 字，薪酬为 1 欧元或 2 欧元。丹尼尔已经是这类工作的专家。他创作的大部分文本都是网络商店的产品描述，尤其是五金店和家具店。"我找到了 1000 种描述窗帘的说法"，他大笑着说。①

对丹尼尔来说，众包工作的最大好处是工作时间灵活。考虑到学业和兼职，他几乎不可能再找一份时间固定的工作，但他可以在做其他任务的间隙随时完成众包工作。"食物被放进烤箱后，我就有半个小时的工作时间；课间休息时，我也能在笔记本电脑上为窗帘创作一段文本。"②他书桌上的电脑屏幕旁摆着一只巨大的沙漏，"我用它来衡量自己创作一段文本的时间是否有价值"。对他而言，"有价值"意味着时薪超过 5 欧元或 6 欧元（这个金额远低于德国官方的最低工资标准）。文本工作充足时，他就能达到自己的目标。不过他最大的问题是，平台上可做的任务数量总是不太稳定。有时找不到赚钱的

① 对学生兼众包工人丹尼尔的采访，柏林，2016 年 3 月。
② 同上。

工作，这意味着没有积蓄的丹尼尔将面临财务问题。这种情况导致众包工人的常见工作模式是频繁地在浏览器的选项卡中打开平台页面，定期检查任务列表。他们的竞争十分激烈，"高薪"工作可能在几分钟内就消失不见。如果没有文本工作可做，丹尼尔就必须转向比较传统的微任务，比如数据处理或照片标注，即便他不喜欢这种形式的众包任务："这种流水线式的工作对我来说没有任何意义。你需要动作十分麻利，才能赚到 3 欧元以上的时薪。"

数字作业流水线

"数字作业流水线"这一概念非常适合描述大多数微任务。在组织类似工作的众包工作平台上，劳动内容大多会被彻底分解和标准化。许多工作都由大量的数据集组成，这些数据集又会被分解成微任务，即几分钟甚至几秒钟就能被解决的小任务。为了实现这一目标并从中获利，劳动组织和大量众包工人之间的合作几乎必须被自动组织起来。这种劳动分工与合作形式是在工人看不见的情况下进行的，由平台自动安排，属于一种算法组织的合作形式。丹尼尔不知不觉中正在与全球各地的许多工人分工合作。从这种意义上来说，即使在平台上工作会让他感觉自己好像是废弃工厂中的唯一工人，但众包工作的本质往往是高度合作的。

因此，对丹尼尔这样的众包工人来说，执行任务时是很难了解自己劳动的意义的。举个例子，人们只能猜测，以5分钱一次的价格在瑞安航空的网站上无数次查阅特定航班的价格，这样做背后的逻辑是什么。通常情况下，众包工人对手头任务的确切目的一无所知。以"梅文计划"（Project Maven）为例，这个备受争议的人工智能项目由五角大楼资助，利用机器学习来分辨无人机视频中的人和物。其开发过程不仅涉及谷歌工程师（其中许多人最终成了该项目的反对者），还包括众包工作平台上的数字工人。唯一的区别在于，这些工人无法反对这个项目，因为他们并不知道自己参与其中。Crowd Flower 或 Figure 8 平台上的注册工人还曾标记过卫星图像上的物体，以训练软件，但他们并不知道自己正在为谷歌或五角大楼工作。[1]

微任务通常是高度标准化的，通过不同的算法追踪、描摹，来对个体众包工人进行劳动分级。某些平台允许客户通过随机截屏或键次计数器来控制工人。平台通常会自动决定，或让客户决定任务是否成功完成，并据此为工人打分。在这方面，亚马逊土耳其机器人的规定最为激进：服务购买者可以先判断某项任务是否妥当完成，再决定自己是否需要付费。产品的权利属于买方，无论是否有报酬。这样的制度常常导致工人会感到自己的付出遭到了不公平的对待。这些工人要依靠任务

---

[1] Fang, "Google Hired Gig Economy Workers."

发起人的好评才能在未来获得更多的工作机会。因此对他们而言，任务被拒不仅意味着潜在的收入损失，还意味着未来得到工作的机会可能受限。

拒付投诉或其他维权渠道通常困难重重。许多平台的技术设计不允许任务发起人和工人直接沟通，有些甚至禁止工人直接联系发起人。这是众包工人不满的主要原因之一，因为他们无法就武断拒付或任务的逻辑错误与发起人进行协商。为了抗议这些工作条件，工人们提出了"我们不是机器人"的口号。亚马逊配送中心的工人也曾大举使用这样的口号。

虽然一些平台会花费时间和精力与工人沟通，并为与平台有着深入联系的特定工人建立社区，但在微任务方面，人力劳动通常由算法进行管理。这是他们尽可能地将人力劳动无缝整合至计算机基础设施逻辑的一部分。重要的是，这也是一个成本问题。某大规模服务发起者向研究员莉莉·伊拉尼解释道："你无法花时间（与工人）往来电子邮件。花在查看电子邮件上的时间比付给他们的费用还要值钱。这必须由算法系统来自动操作。"[1]

众包工作的一个中心功能是将人力劳动自动插入复杂的算法结构中。许多平台都允许自动访问人力资源库。如果需

---

[1] MTurk requester cited by Lilly Irani (see Irani, "Difference and Dependence among Digital Workers," 228−229).

要人类识别的帮助，通过应用程序编程接口（API），软件就能自动在平台上创建任务。利用算法在社交媒体上搜索需要删除的攻击性内容就是其中一个例子。算法会对上传至社交媒体平台的照片进行自动筛选，删除包含裸体等内容的照片。如果软件无法确定，可以自动编程，将照片上传至众包工作平台，以每张图片2分钱的报酬交由丹尼尔这样的众包工人来决定，并自动得出答案，然后继续运作（甚至有可能从中学习）。

这个过程再次暗示，众包工人的劳动在算法开发和算法辅助方面对人工智能的重要性。和上述事例类似，还有无数例证能够表明，软件可以执行非常复杂的任务，但还是会受到一些人类轻松就能解决的问题的阻碍。这些障碍通常是文化、语境或图形等方面的问题。尽管软件飞速发展，但由于缺乏文化、语境知识或图形、音频技能，互联网政治经济及其他领域需要人类劳动的网站数量仍旧十分庞大。众包工作平台解决了软件的这些问题，提供了灵活、调控自如的劳动力来弥补这些不足。但这种劳动往往会被技术所掩盖，隐藏在电脑屏幕的背后。

按需劳动

从资方角度来看，众包工作创造了一支高度灵活、调控自如、按需应变的劳动力队伍，可以随时雇用或解雇工人，且雇主几乎不用承担任何责任。对于通过这些平台外包琐碎工作的 IT 公司来说，众包工作提供了五花八门的劳动形式，让他们可以把自己描绘成技术公司，而非劳务公司——这一策略往往是吸引风险投资的关键。[①]

众包工作平台通常宣称自己只是雇主与雇员间的中介，有点儿类似在线劳动力市场。然而，仔细研究这些平台及其构建劳动过程的方式，你就会明显发现，它们绝不是劳动力与资本之间中立的中介。作为数字劳动的基础设施，平台承担着许多传统工厂的社会空间功能。和亚马逊配送中心一样，众包工作平台的任务特征是高度的控制、标准化和分解性。大部分平台都拥有精确的劳动力测评和监控技术，其流程多半是自动化的，从而增加了平台和工人之间的信息不对称和单项指令形式。任务的标准化、算法管理方式、劳动组织过程中的监督，以及结果和反馈的自动判定，这些都是我们所说的数字泰勒主义的关键特征。

数字技术通过分解、标准化和监督来组织分散的工人是众包工作的一个关键方面，而通过特定的合同和工资形式实现的高度灵活性则是众包工作的另一方面。在众包工作中，我们再次发现了新的算法管理形式、数字控制与依情况而定的灵活

---

① Irani, "Difference and Dependence among Digital Workers," 230‐231.

劳动管理的特殊结合。正是因为有了数字技术，可以对活劳动力进行准确的组织、评估和控制，才有可能实现劳动的灵活化与多样化。就众包工作而言，它允许截然不同、分散在各地的劳动力被精确地组织到一个数字工厂里来。

因此，众包工作显然不能被理解为泰勒主义的简单重生，因为劳动在空间和合同条款中的组织形式实际上往往与泰勒主义工厂正好相反。除了丹尼尔及其同事分散在世界各地之外，他们的合同模式是与大多数传统工厂的另一关键区别所在。将工人灵活地按需纳入工厂是众包工作的一个关键特征，也是其与泰勒主义工厂的重要区别之一。规范工人的合同模式旨在实现最大的灵活性，并使平台免于承担对工人的一切义务。如前几章所说，独立承包商和计件工资的回归等趋势可能是它们在众包工作平台上最激进的表达方式。事实证明，这些元素是数字泰勒主义的关键。它们和组织劳动过程的数字模式一起，不仅有助于创造高度灵活的劳动力，而且对确保劳动力在工厂纪律的空间之外被资本吸收至关重要。

大部分平台都把自己的工人——尤其是那些从事微任务的人——看作按任务计费的"独立承包商"。在平台上，众包工人与劳动力购买者之间的法律关系只在任务执行期间存续。在微任务平台上，这种关系往往只延续几秒钟或几分钟。通过登录平台，工人可以找到好几份照片标注的工作。在接受一项任务之后，他们可能会被问及照片中是否存在人类。回答完这个问题后，在平台向工人的账户转账的同时，工人已经开始进行下一项任务了。

将工人定义为"独立承包商"是大多数零工经济平台劳动关系的核心，于是这种劳动关系就被转移到了为标准就业制定的法律法规之外。根据平台的条款规定，独立承包商不享有许多正规雇员的福利，比如带薪假期、病假、产假、保险和失业福利。不仅如此，通过这些按件付费的任务，我们看到了一种似乎已经过时的工资形式：计件工资。

卡尔·马克思曾将计件工资形容为"最适合资本主义生产方式的工资形式"。[①] 尽管在《资本论》写作时，计件工资更为普遍（尤其是在按产出模式组织的家庭手工业中），随后其在资本主义的历史中被逐渐边缘化。但事实证明，马克思对计件工资的描述有助于理解其在网络劳动和其他领域中的功能。计件工资制度和评估、控制劳动成果的数字化，消除了操控、监督工人的需要。"由于工作的质量和强度在这里是由工资来控制的，因而劳动监管在很大程度上是多余的"，马克思指出。[②] 尤其是在微任务方面，工作完成的速度和时间都由工人决定。工作的持续时间和强度直接反映了众包工人能够创造的收入。从这个意义上来说，在工作量与花费时间的问题上，

---

① Marx, *Capital*, vol. 1, 698.

② Marx, *Capital,* vol, 1, 695.

工厂所有者和监工与工人之间的冲突会被转移到工人身上。马克思展示了计时工资和计件工资在历史上是如何共存的，有时甚至能在一家工厂内共存。计件工资作为一种劳动密集化的形式，以及一种控制劳动过程的替代形式，其特殊性是众包工作过程的重要组成部分。

独立承包商的法律构架与数字资本主义计件工资的回归紧密相关——从港口的卡车司机到自行车快递员，再到众包工人，在不同的领域都有体现。这种合同和工资形式不仅可以为雇主提供灵活性，将停工期、保险和工作设备的成本转嫁给工人，还能作为一种技术，在没有实体工厂和监工的情况下组织劳动过程。计件工资制度以及评估和控制工作成果的数字化，消除了控制和监督工人的需要。计件工资作为一种劳动密集形式和劳动控制替代形式，是众包工作的重要组成部分。计件工资的回归表明，数字泰勒主义现象既不是全新的，也不完全是旧现象的回归。相反，数字技术提供了极为灵活的工作形式，在一定程度上是依靠一种曾在资本主义生产方式中被边缘化（但从未消失过）的工资形式实现的。

这些旨在创造高度灵活、调控自如的劳动力的安排导致了众包工作的不稳定性。在微任务领域中，这些情况通常会因为工资过低而恶化。2017年，国际劳工组织对五大平台展开调查时发现，如果只考虑带薪工作，不考虑搜寻任务所用的时间等无薪工时，那么平台工人的平均收入只有每小时3.29美元。① 许多平台反复无常的订单情况还会进一步加剧众包工作的不稳定性。

数字平台使构建组织复杂的劳动分工、劳动过程，以及对工人的控制成为可能。因此，即使众包工作是一种居家工作形式，数字技术也使得工厂在其纪律空间之外能够真正吸纳劳动力。劳动过程完全由平台组织和管理，涉及的范围很大，并且构成了一个复杂的劳动分工过程，因此具有高度的社会化。不过，平台作为工厂拥有一种特殊的性质，那就是能将各种各样的工人聚集在一起，却不用在空间和主观上将他们同化。这就进一步触及了本书的另一个核心论点：与泰勒主义的工厂不同，数字平台的劳动力不会变成同质主体，即不存在福特主义意义上的数字大众工人。相反，当代的数字泰勒主义能在各种条件下、各种社会人群中和不同的地点吸收截然不同的劳动力。这并不意味着不同平台内部没有自己的模式。与传统泰勒主义工厂要求的空间性和组织同步性相比，在一个工人紧密合作与分工（却不为人知）的系统中，由平台组织起来的工人的异质性是惊人的。

如果用马克思的著名术语来描述对生产过程的控制细节，劳动力的真实组织形式通常与泰勒主义工厂联系在一起。泰勒主义工厂不仅会同化劳动的过程，甚至还会同化工人和工厂周

---

① Berg et al., *Digital Labour Platforms and the Future of Work*.

围的社会。然而，作为数字工厂的平台要灵活得多。平台的一个重要特性就是（几乎）可以让任何人在任何地方、任何时间进行工作。因此，平台作为生产的基础设施，几乎不需要将其工人同化。在这个意义上，数字泰勒主义的包容性技术特征具有与传统泰勒主义相反的作用：它不会促进工人的同化，反而会促进工作的倍增。在接下来的部分中，本书将深入了解众包工作的劳动力结构和空间构成，并对此进行阐释。

平台工人

丹尼尔是来自柏林的学生众包工人，是一支多元化、全球分布的劳动力队伍中的一员。众多平台上同时活跃着数以万计的数字工人，大家纷纷坐在电脑旁完成工作。当丹尼尔趁着课间休息在大学附近的咖啡馆里工作，或在柏林威丁区的小公寓里忙碌时，他在多个平台上共同工作的同事身处各地、情况各异：从养家糊口的全职印度软件工程师，到靠额外收入增添养老金积蓄的北美退休老人；从黎巴嫩难民营中寻找赚钱机会的巴勒斯坦难民，到在家务之余从事众包工作的西班牙单身母亲——数字劳动力的首要特征就是其异质性。

在被称为众包工作平台的数字工厂中，来自世界各地的人会被同步到一个工作流程之中。有了稳定的互联网连接，工人在任何地方都能登录平台。正是这种随时登录的可能性、标准化与算法管理的结合，让如此广泛的工人能够参与其中。无论他们是在家中、网吧，还是使用手机，都能访问平台。这种时空上的灵活性让新的工人和新的时间单位能够被雇主利用。没有众包工作，丹尼尔几乎不可能利用课间的 30 分钟来赚钱。这为资本打开了新的劳动力资源库。反过来，这一发展又促进了全球劳动分工的转变，更新了性别剥削的形式，并最终成为劳动力市场进一步灵活化的重要组成部分。

事实再次证明，桑德罗·梅扎德拉和布雷特·尼尔森提出的"劳动力倍增"概念是分析这些动态卓有成效的起点。首先，众包工作是数字技术和基础设施结合的一个例子，它颠覆了传统的劳动力地理分布，将不同的经济空间和经济情况实时聚集在一起。众包工作以及更普遍的数字技术，属于正在进行的全球空间异化的一部分，构成了支离破碎、相互重叠的不稳定地图，质疑着发达国家与发展中国家、中心与外围之类的固定分类。其次，这个概念暗示了劳动在字面意义上的倍增，即许多人需要不止一份工作才能维持收支平衡。众包工作可以作为其他工作的补充，使工人得到经济上的保障。这通常使得劳动时间和空闲时间进一步模糊。因此，众包工作是劳动灵活性和劳动安排朝不稳定、多重趋势发展的一个典型案例。最后，这个术语还暗示了平台工人的异质性。

从平台的劳动力结构中，我们可以观察各个方面的劳动力倍增，从人们为了谋生从事好几份工作的字面维度，到全球数字工人阶级中出现了复杂的、异化的劳动分工。我们发现，许多平台工人很难在正规的劳动力市场中找到工作，原因大多是歧视、社会焦虑或将人束缚在家中的慢性疾病。还有一些工人很难从一份工作中获得足够的收入。在这些情况下，数字平台工作往往会为人们提供第二份、第三份工作。对这些工人来说，众包工作通常是一个颇具吸引力的选项，其能够适应任何时间安排，既可以在夜里完成，也可以在周末完成。据一名来自纽约北部的工人说，有些人甚至能在完成正规工作的同时抽空去做众包工作。他在区域卫生服务系统的客户服务中心工作，接电话的空闲时间足够他完成平台工作。"对我们全家来说，这笔钱能够支付冬天的取暖费，以及夏天的度假费用。"[1]

尤其是在发达国家，众包工作已经成为许多人增加额外收入的重要手段。土耳其机器人平台的另一名工人描述道，她"丈夫的工作收入足以支付基本开销，但从事众包工作的收入能让全家实现饮食自由，还能支付学校郊游、圣诞节礼物、生日礼物和度假等额外花销。"[2] 作为一名移民到美国的女性，她很难得到面试机会。这也是她为了维持收支平衡而从事平台工作的主要原因。

---

[1] 摘自众包工人针对杰夫·贝佐斯发起投书运动开设的论坛 We Are Dynamo 上的帖文。

[2] 摘自 We Are Dynamo 上的帖文。

这些例子表明，在多次遭受危机冲击的全球经济中，众包工作平台是如何适应经济与社会动态的。它们也展示了众包工作平台如何利用资本迄今为止都无法利用的单位时间。接下来，我将讨论这一发展趋势的两个重要方面，以及众包工作劳动力构成的两个关键组成部分：身兼照管责任，如今可以一边完成家务一边在众包工作平台上工作的女性；以及移动互联网基础设施在发展中国家的扩展。对这一发展趋势的了解，能促使人们通过众包工作来利用这种劳动力资源，比如支出互联网或手机的费用来得到微任务的工作机会。

众包工作与照管任务

iMerit 是一个专为人工智能开发提供数字劳动力的平台。不久前，该平台通过某大型新闻机构网站发布了一段服务宣传文字：

人工智能有一个小秘密：它是由成千上万的真人推动的。从委内瑞拉的化妆师，到印度地区的女性，世界各地的人都在做着和针线活儿类似的数字化工作——在街拍照片中框出汽车，标记图像，转录电脑无法识别的语言。[1]

---

[1] 摘自该公司官网发表于 2019 年年中的媒体报道。

　　我和米拉·沃利斯（Mira Wallis）曾在不同的地方提出，这段文字将女性描述为工人，将人工智能背后的数字劳动比作针线活儿，并不像看起来那样巧合。[①] 的确，虽然平台上的劳动力各不相同，而且往往多为男性，但几乎所有平台、所有国家都能找到将众包工作与无偿的家务劳动相结合的女性。[②]

　　一般来说，众包工作是在私人住宅中通过个人电脑完成的，而且工人只要有空、有任务，随时都可以开展工作。这样的时空灵活性非常适合那些从事无偿照管和家务劳动的人（以女性为主）。据一名来自密苏里州的 29 岁工人所说，她的丈夫大部分时间都要外出工作，因此在土耳其机器人平台上赚取的额外收入对她而言至关重要："我必须尽可能地留在家里陪伴孩子，确保他们得到照顾。土耳其机器人对我的家庭有着非常重要的作用。通过这份工作，我可以帮忙支付医疗费用，以及不断上涨的电费。"[③]

　　众包工作平台上的许多女性都解释道，她们不得不辞去稳定的工作，照顾患有慢性疾病或年老的家庭成员，因此会诉诸众包工作，以弥补收入上的损失。"我已经退休了，正在竭尽全力让自己的退休金多维系一段时间"，另外一名被迫退休

---

① Altenried and Wallis, "Zurück in die Zukunft."

② Berg et al., *Digital Labour Platforms and the Future of Work.*

③ 摘自 We Are Dynamo 上的帖文。

的工人解释道，"因为我的妈妈患有重病，我是她的主要照顾者，所以无法从事全职工作。"[1] 这样的故事在美国的工人中尤为常见。在医疗体系几乎无法为低收入人群带来安全保障的情况下，许多人很难承担外部护理服务的成本。

在数字平台上，试图将照管任务和有偿工作相结合的人群中也有年轻母亲的身影。一位母亲提到，她很难赚到足够的钱来弥补丈夫的收入，供养子女："（只要在做家务和照顾孩子之余还有空闲时间）我发现自己每天都要花上 8 个至 10 个小时工作，有时一天能赚 10 美元。"[2] 和她一样，许多人都会在照管工作或家务劳动的间隙挤出半个小时至一个小时来从事众包工作，为自己或家人增加收入。不少肩负照管责任的女性工人还提到，通过众包工作网站从事数字劳动，其实是她们在照顾子女、配偶或亲属时唯一能够赚钱的选项。因此，基于家庭的数字平台劳动的一个重要方面在于劳动的性别分工和社会再生产。从美国到印度，再到意大利或西班牙，它能在全球不同的背景下发挥作用。

负有护理责任的人在家从事的数字工作不仅是通过传统的众包工作平台完成的。有些网站专为"居家工作的妈妈"这类人员提供数字工作，既包括众包工作，也包括其他形式的工

---

[1]　摘自 We Are Dynamo 上的帖文。
[2]　同上。

作。举例而言，北美网站 wham.com 主要由文章、职业列表和论坛组成。该论坛拥有超过 24.5 万名成员，发帖超过 30 亿条。论坛成员会共享或讨论各种可以线上或通过电话完成的居家工作，同时还能照顾子女。

数字技术和基础设施为数字劳动外包到工人家中开辟了新的可能。不过，以家庭为基础的工作并不是什么新鲜事，有着悠久的历史。举个例子，19 世纪的女性缝纫工作就是居家工作的一种模式。马克思在《资本论》中曾以英格兰的蕾丝制作和稻草编制为例，这些工作主要是由从业者家中的女性和儿童完成的。马克思写道，"手工业生产"已经成为"工厂的外部部门"。除了工厂里的产业工人，"资本还通过无形的线发动了另外一支军队：手工业生产中的外包工人"。[1] 在对这种制度的描述中，马克思将计件工资描述为现代居家劳动的基础。在纺织业和其他以女性从业者为主的行业中，情况正是如此。这些性别分工形式及其社会、空间组织形式是如今零工经济的重要先驱，应当被置于研究谱系之中。

有趣的是，某些降低有偿居家工作价值的策略也表现出了历史的连续性。家庭作为工作场所，允许生育与照管工作相结合，助长了那些把缝纫——或者可以说是微任务——当作乐趣、不需要适当收入的"无聊家庭主妇"的神话。一家德国

---

[1]　Marx, *Capital,* vol. 1, 591.

公司的首席执行官在讨论工资和人们为何要在他的平台上工作时与我争论道:"他们这样做是为了好玩儿。很多人坐在家里的电视机前,看着《德国群星》(DSDS,一档受欢迎的电视节目)就顺手为图片做好了分类。"[1]

软件构架中无形的女性劳动力也反映了电脑工作的性别历史,以及软件和性别分工之间的关系。一个世纪以前,"电脑"一词指的是在临时的电子管计算机上执行科学家指令,或在军事机构中计算弹道表的人类工人,[2]且大多为女性。尽管其中一些女性是受过训练的科学家,但性别分工往往会将她们的工作归为文书数据输入。第二次世界大战期间,虽然女性在计算机领域的重要性日益增加,但公众还是认为计算机的发展是男性科学家和工程师的成果。[3]温迪·宗(Wendy Chun)在《程序化的愿景》(*Programmed Visions*)一书中写到,那段时期有许多年轻女性会被称为"电脑":"在那个时代,女性不仅可以工作,还被认为是更好的、更有责任心的'电脑',这大概是因为她们更擅长重复的文书工作。"[4]尽管其中一些女性会继续从事科学家的工作,但在该行业的进一步发展中,大部分的人类劳动都是多余的。这些女性的地位与如今众包工人的地

---

[1] 对 CrowdGuru 首席执行官的采访,柏林,2016 年 3 月。

[2] Grier, *When Computers Were Human*.

[3] Light, "When Computers Were Women."

[4] Chun, *Programmed Visions*, 30.

位有着许多相似之处：正如许多女性隐藏在男性科学家和机器背后一样，今天的众包工人也隐藏在平台和人工智能背后。

"下一个 50 亿"

"我是一家印度跨国公司的全职员工。在做妈妈之前，我负责的是我所在州的招聘工作。我的孩子现在已经两岁半了……我喜欢在 clickworker.com 之类的网站上从事居家工作。"[①] 这名 clickworker.com 平台的工人之所以转向众包工作，也是因为照管责任将她拴在了家里。不过，和之前提到的其他工人不同，她在发展中国家属于日益壮大的工人阶级一分子。这些工人组成了众包工作的另一个重要部分，代表了许多平台上的大多数人。

许多众包工作平台已经向所有拥有互联网连接的人开放了自己的基础设施，而某些平台则专注于特定国家的劳动力。如今，好几家平台都致力于在发展中国家寻求廉价劳动力。将数字劳动外包给发展中国家并不是什么新鲜事。很长一段时间以来，它主要是由大公司的国内分支机构或国外合作伙伴进行业务流程的外包——其中印度和菲律宾作为数字劳动力的中

---

① 公司运营的众包工人论坛上的帖文，2014 年 3 月。

心，价格相对低廉。[1] 如今，众包工作平台已经开始以一种更加分散的方式取代其中的一些流动，从而使发展中国家的数字劳动力在地理和社会方面更加多样化。印度和菲律宾仍旧是最受众包工作平台青睐的国家，但总体来说，劳动力所处的地理位置已经不那么集中，可以说，线上劳动平台是第一个真正的"全球"劳动市场。[2]

"我们通过完成土耳其机器人上的工作来经营家庭、支付抵押贷款、购买食物、养家糊口。你懂的，需求无穷无尽。如果我们失去了账户，就像失去了近 5 年时间没日没夜燃烧的热血。"[3] 从另一名印度工人的话里，你可以感受到他们对账户被禁的恐惧。亚马逊限制印度工人开设新账户，导致了现有账户的交易和共享热潮，促使亚马逊开始封禁提供虚假信息的账户。封禁账户的标准似乎是随机的，因此账户被封成了印度工人最大的担忧之一。

向发展中国家进行劳动力转移取决于基础设施，因为尽管使用（稍微可靠一些的）联网电脑的机会有所增加，但仍旧十分有限。移动电话、智能手机和移动网络基础设施在全球范围内的激增，为更广泛、地理位置更分散的全球劳动力打开了

---

[1] Beerepoot, Kloosterman, and Lambregts, *The Local Impact of Globalization in South and Southeast Asia.*

[2] Graham and Anwar, "The Global Gig Economy."

[3] 摘自 We Are Dynamo 上的帖文。

直接访问众包平台的渠道：发展中国家有 20 亿至 30 亿手机用户，其中大多数人无法定期使用拥有互联网连接的固定电脑。Txteagle 公司有一个开创性的项目，旨在吸纳更多的工人加入全球数字劳动力市场。该平台成立于 2009 年，着眼于农村贫困人口，让他们可以通过完成微任务来换取报酬。这一过程甚至可以通过短信实现，让没有智能手机的人也能参与进来。从 2000 年到 2012 年，肯尼亚的手机订阅用户数量增长了 200 多倍。这让肯尼亚在发展中国家中脱颖而出，成为手机众包工作早期创业的完美起点。[①] 例如，诺基亚通过 Txteagle 雇用了 2 万名肯尼亚工人，将手机目录翻译成当地语言。Txteagle 在广告中声称，它为非洲农村的贫困人员提供了进入全球劳动力市场的机会，但也很快表示，这些工人比他们的印度同行收费便宜 20%。[②] 如今，该公司已经更名为 Jana，拥有超过 3000 万用户。他们可以通过观看广告、参与微任务来换取报酬。

在这方面，Jana 公司与脸书的 internet.org/Free Basics 等类似的基础设施试验是一致的。后者希望全球的贫困人口都能与互联网建立联系，他们不需要支付现金，而是要集中注意力、做出消费选择、付出劳动。这项倡议包括脸书与三星、诺基亚与爱立信等公司之间建立的合作伙伴关系，以连接"下一个

---

① Easterling, *Extrastatecraft*, 123.
② Kucklick, "SMS-Adler."

50 亿"——在这里，马克·扎克伯格（Mark Zuckerberg）指的是那些位于发展中国家，尚未联网且没有注册脸书的人。[1] 该倡议推动了技术解决方案和新的商业模式，让发展中国家的智能手机用户都能访问互联网。显然，所有重要的信息技术公司对将互联网覆盖范围扩大到发展中国家的兴趣日益高涨。其动机不仅是对开发新客户群体的渴望，还有对寻找潜在员工的希冀。随着智能手机逐渐成为新型的支付基础设施，实现这一目标的可能性很大。

在基础设施发展方面，肯尼亚受到印度和菲律宾模式的启发，正在努力实现"大草原硅谷"——一项包括发展众包工作在内的战略。[2] 肯尼亚等国已经将众包工作当作一种发展策略和创收方式。许多人都希望众包工作能够提供全球劳动力市场，吸纳发展中国家的工人，让他们掌握自己的命运。[3] 但众包工作平台在全球范围内引发了工人之间的激烈竞争，可以说，还可能引发"向下竞争"。不仅如此，虽然如今的许多众包工作平台都面向全球劳动力市场，理论上对任何拥有互联网连接的人开放，但访问这些平台的渠道还是会受到国籍、基础设施、货币兑换、技能、歧视等问题的影响，而且发展中国家

---

[1]　Mark Zuckerberg, "Is Connectivity a Human Right?," Facebook, 2014, https://www.facebook.com/isconnectivityahumanright.

[2]　Graham and Mann, "Imagining a Silicon Savannah?"

[3]　Graham, Hjorth, and Lehdonvirta, "Digital Labour and Development."

的工人平均收入低于发达国家。[①] 因此，全球劳动力市场的无缝化与数字劳动力复杂且碎片化的地理分布并不相符，这一概念再次受到众包工作平台的扩散所带来的挑战。众包工作平台不是一个无国界的全球劳动力市场，而是数字工厂，它以多种形式将复杂的劳动力地理学与物质和政治空间（比如国家法律框架）相联系。互联网作为一种生产空间，与物质和政治空间相连，但又以特定的方式超越了这些空间，其特殊性是全球空间异化的重要组成部分。在许多方面，众包工作都是新兴经济地理的一个典型示例。

隐秘的劳动力

包括人工智能和机器学习在内，各种形式的自动化的确会取代一些目前的人类工人，并有可能在未来彻底消灭更多的工作岗位。然而，被自动化取代的工作有一种重新出现的趋势，尽管看起来已经改头换面，并且出现在新的地方，由新的劳动力来完成。自动化基础设施和技术本身在很大程度上还是由人类劳动来生产与维系的。分散在全球各地、由数千个众包工作平台组织的劳动力就是这种趋势的一个绝佳范例。人类劳动对人工智能的发展和支持具有极大的重要性，却通常很少得

---

① Berg et al., *Digital Labour Platforms and the Future of Work*, 52.

到承认。对众包工人来说，目前对人工智能的巨额投资意味着对数据劳动力的需求增加，而非对自动化的需求不断增加。当然，这种情况在未来可能会发生改变，因为众包工作平台上完成的大多数工作确实处于当前软件开发的前沿。不过，正如我们所见，这些发展可以为活劳动力创造新的需求。在全球化资本主义的背景下，自动化不是许多预测所认为的线性过程，而是一个动荡的、不平衡且危机四伏的过程。有时候，在某个点被自动化的劳动会在另一个点重新出现，而且通常在地理和社会方面进行重新组合，并隐藏在新的代码和混凝土基础设施背后。

众包工人的劳动是以各种方式隐藏起来的。大多数情况下，它发生在公共场所之外，多半是在工人的家中，在地理上是分散的，和大多数其他形式的劳动相比并不显眼。它也发生在许多形式的劳动法规和传统形式的劳动冲突触及不到的地方。不仅如此，它还隐藏在算法背后。数字平台上完成的大部分工作都会被软件所掩盖。众包工人付出的多数劳动都被认为已经实现了自动化。事实上，众包工作在单凭软件无法找到解决方法的地方变得尤其重要，在视觉、语境和文化问题上更是如此。众包工作平台允许企业将这些问题外包给分布在全球各地的劳动力，通过算法构架对劳动过程进行紧密的自动化控制，从而形成高度灵活、调控自如、可以融入复杂软件构架中的劳动力队伍。

和其他零工经济平台一样，众包工作平台通常声称自己只是雇主与雇员之间的中介，有点类似于在线的劳动力市场。但仔细观察这些平台和大多数人构建劳动过程的方式，我们就会发现，它们绝不是劳动力供求关系之间的中立中介。作为生产的基础设施，它们承担着传统工厂的许多社会空间功能。微任务平台上的劳动特征是高度的标准化和分解化，以及对劳动力的数字监控与评估。不过，和所有工厂一样，平台作为数字工厂不仅会产生技术问题，还会引发技术嵌入和技术生产带来的法律、社会问题。独立承包商和计件工资不仅是创造灵活劳动力的一种手段，还能为组织和约束活劳动力提供重要的工具。将这些因素相结合有助于在实体工厂或办公室的空间约束之外，将劳动真正地纳入资本。这种组织劳动力的形式与日益增长的连通性相结合，为资本创造了新的劳动力资源库。工人可以在网吧、住宅甚至是手机上访问平台，使新的工人和新的时间单位都能被纳入到这种劳动形式。这反过来导致了全球分工变化以及性别剥削的新形式，并最终成为劳动力市场进一步灵活化的重要部分。

众包工人分散在全球各地，彼此孤立却又相互竞争，几乎不受劳动法的保护，因此展开集体行动的可能性相当有限。尽管如此，还是会有各种形式的抵抗组织出现。它们往往始于众包工人相互认识、交流以及彼此支持的网络论坛。抵抗的另一种途径是技术干预，比如工人可以通过浏览器插件"特客视界"（Turkopticon）交流对任务发起人及其任务的评估，进行低级的数字罢工。[1] 从投书抗议到集体创作众包工作最低工作条件的小册子，数字工人设法让自己的声音被听到，并提出政治方面的诉求。这些抗议活动表明，尽管受到限制，但众包工人还是可以相互联系、采取集体行动。

---

[1]   Silberman and Irani, "Operating an Employer Reputation System."

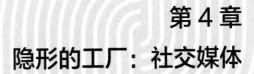

第 4 章
隐形的工厂：社交媒体

　　"一切都始于对互联世界的梦想……"在 2019 年的圣丹斯电影节上，纪录片《隐私大盗》(*The Great Hack*)首映后广受好评，这句话正是该片的开场白。[①]这部由流媒体平台网飞制作的纪录片记录了剑桥分析公司(Cambridge Analytica)干涉选举的丑闻，包括 2016 年的脱欧公投，以及同年唐纳德·特朗普在美国总统大选中胜出。纪录片揭露了剑桥分析公司非法获取用户数据、用选举广告轰炸用户账号的丑陋行径。这都是在如今最重要的社交媒体平台——脸书的共谋下完成的。

　　在其最强盛的时期，剑桥分析公司声称自己对每个选民都拥有 5000 个数据点，公司的数据集、分析软件和定向广告可以帮助候选人赢得选举。这家英国公司的说法并非完全不可信。显然，唐纳德·特朗普的竞选团队相信定投广告的潜力：在竞选最激烈的阶段，他的团队每天都要在脸书上花费 100 万美元的广告费。尽管剑桥分析公司对大选结果的影响程度有多大仍是人们热议的话题，但社交媒体平台作为舆论工厂的重要性已经显而易见。随着剑桥分析公司成为操纵选民和传播假新闻的象征，该公司最重要的活动平台也受到了越来越多的审

---

① Karim Amer and Jehane Noujaim, *The Great Hack*, 113 min., distributed by Netflix, 2019.

查。丑闻发生后，脸书成为众矢之的，其对剑桥分析公司的纵容和对丑闻的处理方式引发了众怒。批评的声音很快扩展到侵犯用户隐私、传播假新闻和仇恨言论等更加广泛的方面。自2016年以来，马克·扎克伯格在各种法律听证会上被美国国会议员施压的镜头几乎成了新闻的常见画面。

事实上，2016年右翼政治双赢的丑闻标志着脸书的一个转折点。假新闻的兴起和对民主程序的一致担忧以前所未有的规模对社交媒体——尤其是脸书的形象提出了质疑。在许多人看来，脸书宣称通过连接人类让世界变得更美好的口号似乎愈发虚伪。在假新闻泛滥的年代，脸书平台在人们对民主问题的广泛担忧和辩论中一直处于核心地位。直到今天，脸书也没能从2016年的阴影中恢复过来。这一年对脸书的形象和全球进步政策来说都是灾难性的。不过，网飞这部纪录片在严厉批评脸书进行用户监控和数据收集的同时，也为2016年之前就已存在的一系列批评言论提供了素材。长期以来，许多国家对隐私的担忧一直是该公司面临的最大问题。在剑桥分析公司这一案例中，脸书商业模式基础做法的爆炸性政治力量显露无遗：平台能收集用户数据，将用户的注意力转化为一种商品，出售给广告商。

纪录片开篇就简要介绍了这种商业模式。在播放示威性标语和种族主义口号的镜头时，纪录片的配音员、纽约数字媒体教授大卫·卡罗尔（David Carroll）问道："世界互联的梦想是如何将我们撕裂的？"很快，他为这种情况的出现提供了一个答案："我们现在都是商品。"在纪录片中，个人数据被出售的问题主要是作为民主程序的议题来讨论的。然而从另一个层面来看，收集个人数据以向企业出售广告显然是脸书的经济策略核心。

多年来，针对数字媒体的批判性分析一直在谴责这种前所未有的个人信息收集方式。不仅如此，数字劳动理论家还围绕价值与自由劳动的问题展开了大量辩论。虽然脸书提供了平台，但让网站看起来引人入胜的所有内容几乎全都是用户生成的。公司出售给广告商的也是用户的数据和注意力。这导致一些理论家认为，社交媒体上的用户活动应该被视为一种劳动形式。①

关于用户监测、隐私泄露的辩论和批判性分析都是至关重要的。但这些辩论忽略了一系列基础问题。和许多对当代社会媒体的批评一样，这部网飞纪录片给人的印象是，数据的生产不费吹灰之力，储存起来不需要空间，也不存在分类问题。然而事实并非如此。

本章讨论的问题没有停留在数字监控和免费劳动力引发的相关争论中，而是在这一背景下关注社交媒体的基础设施，以及作为基础设施的社交媒体。通过考察社交媒体的算法、材

---

① 参见 Fuchs, *Digital Labor and Karl Marx*。

料和人工基础设施（换句话说，就是代码、数据中心和平台中包含的活劳动力），这一研究将注意力放到了脸书政治经济的技术、材料和密集劳动力上来。这种方法说明了社交媒体作为劳动场所的多样性：从北极圈附近的数据中心的保安和技术人员，到硅谷的软件程序员和测试员，再到德国、印度和菲律宾的内容审核员。

平台广告的政治经济学

从根本上来说，脸书和谷歌的业务并不复杂：两家公司的绝大多数收入都来自广告。这两家平台主宰着全球在线广告市场。据估计，全球广告支出超过 3000 亿美元，其中谷歌是最大的广告销售商，其销售额约占总销售额的三分之一。脸书屈居第二（约占总销售额的 20%），随后是阿里巴巴、亚马逊。[①] 谷歌母公司 Alphabet 收入的八成以上都来源于广告，脸书的广告收入则占公司收入的 95% 以上。尽管 Alphabet 公司正在实现业务多元化，但广告仍然是其商业模式的核心，使之成为全球最具价值的公司之一。脸书作为市值最高的公司之

---

① Jasmine Enberg, "Global Digital Ad Spending 2019," Emarketer, March 28, 2019, https://www.emarketer.com/content/global-digital-ad-spending-2019.

一，这一情况更加明显：平台的巨大收入和利润几乎都基于社交媒体上的广告销售。

与传统广告销售的主要区别在于，脸书和谷歌可以提供精准的目标。通过从用户身上搜集年龄、性别和地理位置等基本因素，以及兴趣和行为等更加精确的指标，广告可以面向客户精准投放。脸书还能通过用户与平台的互动以及跟踪用户在平台之外的在线活动来收集数据。脸书不仅能够收集和储存大量数据，还能构建个人用户的精确档案。根据既定标准将用户分为不同的群组之后，这些用户的信息偏好就可以被销售给广告商。

脸书每月至少有 25 亿用户访问，是全球最大的社交媒体平台。除了 facebook.com，公司还收购了其他几家大众媒体公司，比如信使服务 WhatsApp 和社交网络 Instagram。这两家公司每月的活跃用户都超过了 10 亿。尽管这些平台都有电脑版本，但手机应用程序是如今最重要的使用形式，占广告收入的绝大多数。考虑到不同的品牌、网站和手机应用程序，大卫·尼博格（David Nieborg）和安妮·赫尔曼德（Anne Helmond）提出将公司理解为"数据基础设施"，里面承载了各种"平台实例"。[1] 基于这种概念，他们将注意力转向了品

---

[1] Nieborg and Helmond, "The Political Economy of Facebook's Platformization in the Mobile Ecosystem," 199.

牌和应用程序的生态系统，以及让脸书成为日常生活重要基础
设施的尝试。脸书、Alphabet 旗下的谷歌搜索和 YouTube 不仅
是全球访问量最大的网页，而且正逐渐成为日常生活中重要的
基础设施。它们不是平台的副产品，反而是平台战略和政治经
济的核心。这种发展意味着一种批判性的分析形式，从平台的
基础设施开始，了解平台本身作为现代网络世界社会基础设施
的一部分。

平台基础设施的一个关键组成部分是软件代码。搜索引
擎或社交媒体平台的代码能完成基础设施方面的任务，以一种
高效的方式吸引注意力，创建、组织、维持和限制数字活动。
与凯勒·伊斯特灵形容基础设施任务的方式相似，平台的设计
允许某些事情发生，同时对一些内容予以禁止："决定游戏规
则的不是那些公开声明的内容，而是内容经理。"[1] 所有平台的
设计都是为了刺激某些表达，同时又阻止一些表达，并提供一
系列协议，来管理用户与平台或二者彼此的互动。因此，像脸
书这样尽可能与其他线上、线下世界建立联系的网络平台，都
在努力承担越来越多的社交互动。与此同时，它还积累了大量
用户数据，包括他们与其他用户、城市、产品、政治运动、食
物之间的联系。它会将这些数据聚合、分类，以便向广告商出
售经过量化的注意力"套餐"。

---

[1]　Easterling, *Extrastatecraft*, 13.

算法结构：逻辑、控制与劳动

脸书和谷歌等平台都属于复杂的算法体系结构，这里仅对其中的一小部分进行简要分析。从谷歌著名的网页排名（Page Rank）算法开始，本章接下来还将讨论脸书试图成为社交网络算法基础设施的开放图谱（Open Graph）协议。网页排名可以被描述为信息网络的一个组成部分。搜索引擎在网页之间注册链接，构建了一个按照等级划分的索引列表。而脸书及其开放图谱协议可以被理解为由人与物之间的关系组成的资产，因此是一种社交索引形式。或者按照卡罗琳·格利茨（Carolin Gerlitz）和安妮·赫尔曼德（Anne Helmond）的话来说，二者是"链接经济"与"点赞经济"之间的区别。[1] 当然，这些逻辑既没有历史连续性，也不是相互排斥的。相反，它们可以同时在不同的地方运行，并在整个互联网内以一种全新的组合运转。

谷歌著名的网页排名算法是由创始人谢尔盖·布林（Sergey Brin）和劳伦斯·佩奇（Lawrence Page）开发的。可以说，即便在今天，它仍旧是谷歌的核心力量。它的基础原理非常简单：网页排名会将互联网理解为一个超链接文档系统。对谷歌搜索而言，每一个页面都是根据指向该页面的链接数量和

---

[1] Gerlitz and Helmond, "The Like Economy."

质量来排名的。其操作基于这样一种假设：第一步，每当有人创造了通往一个网站的链接时，都是在表达对该网站的一种判断。第二步，这些链接会被赋予价值——某个重要网页的链接会比不那么重要的网页链接价值更高。通过在网络上大量收集这样的判断，网页排名算法就能挖掘人群的集体智慧，汇集他们对网站重要性的看法。这种形式的自由劳动并不是隐藏在搜索引擎算法背后的唯一的人类劳动。搜索引擎的算法结构中显然还有编码和维护工作。山景城谷歌村和世界各地的众多程序员都在不断地维护和改进搜索引擎，以维持谷歌在全球的主导地位。为了跟上互联网使用模式的变化，谷歌不断改变并完善其算法。在这一点上，人类劳动发挥着不可或缺的作用。和大多数软件一样，这一过程中涵盖的人力远不止人们所理解的程序员。这些劳动力通常不会被看作程序员或软件工程师，并且经常是外包的，游离于人们的视野之外。就谷歌搜索引擎而言，优化搜索结果的一种劳动力是所谓的"评估员"。这群人多半是持分包合同的居家数字工人，他们对算法结果进行评估，并通过改进结果与查询的匹配度来进一步完善算法。

评估员往往属于庞大的居家数字工人队伍。他们通过众包工作平台或专业公司的分包工作组织起来，对谷歌搜索引擎的贡献被隐藏在公司创始人精心设计的算法背后。居家工作的评估员要登录谷歌提供的一款在线工具，根据"重要""有用""相关""稍微相关""跑题"或"垃圾信息"等标准来评判搜索引擎的结果，或识别色情内容。这项工作是不断改进搜索算法的一个重要组成部分，体现了每种算法如何包含过去与现在的人类劳动片段。为谷歌提供这种劳动的公司之一是位于马萨诸塞州沃尔瑟姆（Waltham）的莱博智（Lionbridge）。大部分搜索引擎评估任务都是由这家分包商分配给全球各地的居家工人的。"你是否在寻找一份既能享受居家工作的舒适，又能为美国排名前100的公司工作的机会？"莱博智的首页广告中写道，"这份工作包括使用在线工具，针对文本、网页、图像和其他类型的信息为领先的搜索引擎提供分析与反馈。评估员登录在线工具后，可以自主选择任务来完成。"[1]

一名评估员是这样描述这份工作的："我可以自行安排时间。只要能够工作至少10个小时（但不超过20个小时），我就能和公司保持良好的关系。公司非常严格，但允许你弥补没有达到的工作时间。"[2]莱博智为工人制订了严格的生产目标："根据任务类型，我每分钟必须完成一定量的任务。如果达不到这些目标，我就得进入考察期，在此期间无法继续工作。如果我的质量不达标，公司也可以解雇我。可以说工作环境是

[1] 公司网站上的职位列表，https://careers.lionbridge.com/jobs/rater-united-states，2020年3月20日访问。

[2] Matt McGee, "An Interview with a Search Quality Rater," Search Engine Land, January 20, 2012, http://searchengineland.com/interview-google-search-quality-rater-108702.

高度受控的。"[1] 这是隐藏在公众视线之外的另一种数字劳动形式，因为它发生在工人的家中，但仍然受到高度的控制和约束。它还表明，谷歌等搜索引擎不能被视为一种简单的算法，而是由不断变化的物质基础设施、软件和人类劳动组成的混合物。

虽然谷歌搜索引擎的功能比这里介绍的复杂得多，并且需要持续不断的发展和多样化，但网页排名算法及其简单的基本原理是谷歌的基础。马泰奥·帕斯奎内利（Matteo Pasquinelli）认为，通过网页排名，谷歌"根据每个网站的可见性和重要性，以动态的层次塑造了看似平坦的互联网数据海洋"。[2] 谷歌是通过结合不同形式的劳动实现这一壮举的，其过程涵盖了网民的免费劳动以及程序员编写、维护和优化算法的劳动。

2010 年，脸书更进一步，将其影响力扩展到即时网络之外，通过跟踪网络用户，本着与谷歌的网页排名系统既相似又不同的原则，试图映射元数据（Metadata）。在脸书的 F8 开发者与企业家会议上，脸书的平台产品总监布雷特·泰勒（Bret Taylor）在一份堪称该平台史上最重要的公告中告诉用户，"网络正在向以人类及其关心的一切事物之间的联系为基础的模式

---

① McGee.

② Pasquinelli, "Google's PageRank Algorithm," 153.

发展"，并展示了开放图谱——一项旨在使脸书成为社交网络关键基础设施的发明。[①] 开放图谱是一种应用程序编程接口协议，通过社交插件允许网页进行元数据标记，并与脸书平台连接。常见的"点赞"按钮等脸书工具很容易就能被集成到任何网站的任何对象上。网站运营商之所以有动力通过开放图谱将自己的网站与脸书整合到一起，是为了提高曝光度、增加流量。脸书的动力是它可以通过互联网跟踪用户，提高收集用户行为与偏好数据的可能性。

有了开放图谱，脸书就能将用户及其在平台上的连接图扩展到自己的平台之外，将数百万个与平台建立了连接的网页囊括进来。索引由网站的元数据组成，能将网页和对象转换为脸书图谱上的节点，以及用户与这些网站和对象之间的互动。正如泰勒在 F8 峰会上所说的那样，后者可以被视为更重要的组成部分，因为它们开发了一个架构，按照个性化和同类人群匹配的逻辑展开运作，以"人类及其关心的一切事物之间的联系"为基础，创建社交网络地图。[②] 毋庸置疑，成为这样一张地图的所有者对脸书等公司颇具吸引力。开放图谱是一种收集数据并为数据进行排序的基础设施，能够丰富脸书对其用

[①] 这篇演讲后来被发表在 *Facebook for Developers* 博客上：Bret Taylor, "The Next Evolution of Facebook Platform," Facebook for Developers, 2010 年 4 月 21 日, https://developers.Facebook.com/ blog /post /377.

[②] Taylor, "The Next Evolution of Facebook Platform."

户在平台外行为的了解，而这对广告商而言，也是非常有利可图的信息。除了自己的页面，脸书还成功打造了"点赞"与"分享"的基础语法，让自己融入了广泛的互联网语义之中。

"点赞"按钮起初是开放图谱的基本功能，时至今日仍是一项至关重要的协议，后来又发展出了更多的功能。"分享"功能可以让用户与朋友共享网页内容。事实证明，这对新闻报道尤为重要。如今，几乎所有的新闻网站或博客都设置了插件，允许读者将文章分享给自己的朋友和联系人。这一功能深刻地改变了新闻和信息的性质。许多网络用户不会访问某些特定的新闻网站，而是通过在各个社交媒体上阅读朋友们在动态消息中分享的文章来浏览新闻。从这个意义上来说，脸书平台也是一个元新闻页面。每名用户都能在这里找到同伴和脸书算法策划、拼凑出来的个性化文章集合。通过这种方式，脸书（还有谷歌）不仅在决定用户能够看到什么样的新闻报道方面发挥了重要作用，而且制订了标准、建立了依赖性，从而改变了新闻的生产方式。[①]脸书已经不仅仅是一个社交媒体平台，其开放协议系统只是脸书试图将自己转变为社交网络基础设施的一个（非常成功的）例子。

网页排名和开放图谱只是谷歌和脸书算法结构中的一小

---

① Nechushtai, "Could Digital Platforms Capture the Media through Infrastructure?"

部分，并且在不断地发展变化。对此类软件的分析（特别是，如果这些分析比之前提到的观察更加深入）有助于我们理解这些企业的政治经济。这些算法系统以映射用户行为的方式引导并塑造用户，同时作为限制和选择的架构，旨在赋予人们的注意力和劳动一些小幅增长的价值。谷歌和脸书不仅是搜索引擎和社交媒体平台，相反，它们正努力成为用户在网络生活中至关重要的基础设施。但这不仅是算法基础设施的问题，也是硬件的问题。

"云"的物质性

脸书的主页拥有超过 10 亿的日常用户，是继谷歌搜索和 YouTube 之后互联网访问量第三大的网站。一次简单的主页点击，"就需要访问数百台服务器，处理数以万计的个人数据，并在不到一秒钟的时间内交付选定的信息"——这就是脸书对其业务背后流程的描述。[1] 仅脸书服务器上存储的照片和视频就超过了 100 千兆兆字节（100 千万亿字节）。为了管理这种规模的数据，脸书需要庞大且多样的物质基础设施。除了位于加利福尼亚州门洛帕克（Menlo Park）的总部，脸书

---

① 摘自脸书的证券交易委员会声明，2012 年 2 月 1 日，第 90 页，https:// www.sec.gov/Archives/edgar/data/1326801/000119312512034517/d287954ds1.htm.

还在都柏林设立了欧洲总部，在伦敦市中心和印度海得拉巴（Hyderabad）等地设立了 70 个国家和国际办公室。这些地方和公司的其他重要建筑都属于脸书的数据中心。

随着云计算的兴起，数据中心或数据中心的某种变体已经成为互联网基础设施的中心支柱。内部服务器（无论是内置在电脑还是放置在办公室的服务器机房中）正逐渐被各种网络和空间分布设备的计算和存储大数据中心取代。与"云"这个名字所引起的联想不同，云计算既不是无形的，也不能脱离硬件存在。相反，它代表了云计算在全球范围内的空间技术重构。正如文森特·莫斯克（Vincent Mosco）在关于当代数据中心的研究报告《走向云：动荡世界中的大数据》(*To the Cloud: Big Data in a Turbulent World*) 中所写的那样，这不仅需要将基础设施集中到庞大的服务器群中，还会导致许多公司 IT 部门工作岗位的流失。其中一些工作岗位会重新出现在外包和大型数据集中处理中心，以"生产、处理、配送和储存的行业模式"进行优化。[①] 动态变化的全球数据中心及其相关的基础设施是互联网的重要载体。它们是今天讨论的数字经济及其数据的基础设施、环境、主权的数字转化以及劳动的转型、外包新

[①] Mosco, *To the Cloud*, 32.

形式等问题的发生场所。① 从大型计算机、内部服务器向数据中心星际网络、按需的存储容量和软件系统的转变，都与社交媒体的兴起有关。②

脸书成立之初完全依赖租用的数据中心空间。2006 年，公司成立两年后，社交网络不断上涨的流量几乎导致服务器崩溃。当时，公司在加利福尼亚州的圣克拉拉（Santa Clara）租用了一个 40 英尺 × 60 英尺的空间来放置服务器。某一天，服务器因无法应对不断增长的网络流量，面临过热崩溃的风险。脸书的总工程师派雇员买来了所在地区所有的风扇给服务器降温，以避免断网。③ 自此以后，用户和数据基础设施的数量都出现了显著变化。这起事件导致脸书花费 4 年多的时间，开始在俄勒冈州的普林维尔（Prineville）建设自己的数据中心，标志着一场战略转变的开始。如今，脸书正努力在自营的数据中心内管理自己的所有计算和存储过程。普林维尔站点于 2011 年完工，之后还在不断扩张，如今占地面积已经超过 300 万平方英尺，是脸书最大的数据中心综合体。该综合体的雇员约有 160 人，包括经理、工程师、清洁工和安保人员。

---

① 可参见研究项目 "Data Farms. Circuits, Labour, Territory" with many current and upcoming publications by its participants; https://www.datafarms.org, 2020 年 10 月 20 日访问。

② Rossiter, *Software, Infrastructure, Labor,* 138.

③ Glanz, "Power, Pollution and the Internet."

　　自 2011 年以来，脸书在美国和海外建立了更多的大型数据中心。其中一个主要的数据中心位于爱荷华州的奥尔图纳（Altoona），于 2014 年开业。另一座大型综合体位于北卡罗来纳州的森林城，包括两座占地面积均超过 30 万平方英尺的大楼，其中一座用于储存用户不定期访问的"冷数据"。北卡罗来纳州已成为美国主要的数据中心枢纽。苹果公司价值超过 10 亿美元的数据中心就坐落在北卡罗来纳州的梅登（Maiden）——一座拥有 3000 多名居民的偏远小镇，其规模堪称全球最大。距离梅登西北方向 30 英里处的北卡罗来纳州莱诺尔坐落着谷歌投资了 12 亿美元建设的一处类似的综合体。北卡罗来纳州能为这些公司提供慷慨的税收优惠和升级的基础设施，还能提供廉价的电力和相对廉价的劳动力。价格低廉的土地及能源、可靠性、合适的气候，以及廉价且合格的劳动力，是这些公司决定在这里建立数据中心的关键因素。

　　2013 年，脸书在瑞典卢利亚的北极圈附近建设了第一座大型欧洲数据中心。寒冷的气候有助于保持服务器的正常运行温度，这也是大规模数据中心需要解决的一个主要问题。脸书并不是唯一一个将数据中心迁往北欧的市场参与者。北欧的运营成本比中欧地区低 60%。举个例子，2011 年，谷歌在芬兰湾的哈米纳（Hamina）开设了一座数据中心，其冷却系统使用的是冷海水。微软和谷歌更进一步，投资研发水下数据中心，微软还将水下数据中心设计成人工礁，并申请了专利。[①]
除了冷却优势，海底的环境更加稳定，受风暴、火灾或政治因
素的干扰更少。在脸书的卢利亚（Lulea）数据中心，水力发
电满足了中心对能源的巨大需求（这是数据中心所要解决的另
一个主要问题）。卢勒河能够提供1360万兆瓦时的水力发电
量，满足瑞典能源需求的10%，且相对廉价、稳定。卢利亚
能源供应的可靠性也使得脸书将这里的备用发电机数量减少到
北美的30%。所有数据中心都在寻求不停机的持续服务，这
也是其环境足迹的另一个主要特征：除了备用柴油发电机和化
学电池，数据中心巨大的用电量总会引发广泛的批评。

2018年，路易斯·丰西（Louis Fonsi）的歌曲《Despacito》
打破了纪录，在YouTube上的点击量超过50亿次。据估计，
这首歌的能量消耗相当于4万个美国家庭一年的耗能。[②] 整个
信息和通信技术生态系统的碳排放量与航空业相当。[③] 早在
2010年，环境组织绿色和平（Greenpeace）就发布了一份关于
云计算及其对气候变化影响的报告，明确针对脸书在普林维尔

---

① "Artificial Reef Datacenter," Patent Application, Microsoft Technology Li-censing, December 29, 2016, http://patentyogi.com/wp-content/uploads/2017/01/US20160381835.pdf.

② 参见 *Fortune* (Elegant, "The Internet Cloud Has a Dirty Secret")。

③ Jones, "How to Stop Data Centres from Gobbling up the World's Electricity."

建设的第一座数据中心，批评其设计主要以燃煤发电站为基础。[①] 绿色和平组织还成功发起了一项针对脸书的反对活动，名为"不友好的煤炭"，在脸书上引起了相当大的关注，并带来了不小的压力。在卢利亚建造一座"绿色数据中心"的决定应当被放置在这一背景下来考虑。和脸书一样，其他许多数据中心也因其基础设施对环境造成的负面影响受到了攻击，促使企业启动"绿色云计划"。数据中心和其他计算基础设施的能耗说明了"云"的物质性。如果你在合适的时间碰巧看到了数据中心的柴油发电机，那些"云"看起来其实是相当黑暗的。

卢利亚也是第一个专门利用脸书开放计算项目硬件运行开发的数据中心。每一座数据中心都有数以万计的网络服务器通过光缆与外界相连。脸书不仅投资了自己的数据中心，还将大量资金投向了冷却系统和服务器的技术开发，尤其是上述的开放计算项目。数据量不仅会随着用户数量的增加而增加，还会随着技术的发展而增加，比如智能手机拍摄的照片和视频分辨率越来越高，还有虚拟现实技术的出现产生的数据量，都会令普通的照片和视频存储设备相形见绌。在撰写本文时，脸书正在扩建大部分现有的数据中心，并建设了几座新的数据中心，其中一座位于新墨西哥州的洛斯鲁纳斯（Los Lunas），投资金额达 2.5 亿美元；还有一座位于得克萨斯州的沃斯堡

---

① Greenpeace, *Make IT Green*.

（Fort Worth），投资超过 10 亿美元，以及位于爱尔兰克罗尼（Clonee）的欧洲第二大中心。2017 年，脸书宣布公司的第三座欧洲数据中心将在丹麦的欧登塞（Odense）附近建造，后续还会有更多的中心落成。和其他大型数字企业一样，脸书如今是全球最重要的数据中心基础设施所有者之一。因此，在 Equinix 或 Digital Realty 等大公司还在继续专注于数据时，脸书、微软和苹果等知名数字企业已经成为互联网物理基础设施领域的主要所有者，其中亚马逊网络服务还是云计算和服务器托管领域的市场领导者。

　　除了自己的数据中心，脸书还会从其他供应商那里租赁服务器容量。比如在美国的多个站点之外，脸书还在新加坡租赁服务器容量，并将在那里建造自己的数据中心。新加坡数据中心预计耗资 10 亿美元，是一座 11 层楼高、占地 17 万平方米的高层中心（因为岛屿正面临越来越多的土地限制）。一段时间以来，新加坡一直是寻求服务亚洲市场的西方云公司开设数据中心的热土。由于当地政府推行商业友好政策，还拥有沿英国殖民时期的电报线路铺设的海底光缆，新加坡一直备受青睐。① 阿里巴巴等亚洲中大型企业都在那里运营自己的数据中心，它也成了微软和谷歌等西方大公司重要的数据中心所在地。数据中心的选址不仅要考虑基础设施优势，也要考

---

① Neilson and Notley, "Data Centres as Logistical Facilities."

虑政治因素。云计算与国家主权之间存在着复杂关系，海底光缆和数据中心等基础设施的物质性深刻地嵌入了国家政治地理之中。[①] 这些新的基础设施政治地理问题不应该被简单地理解为国家与跨国公司之间的冲突，而是应该被看作主权本身通过基础设施建设所展现的多层次、充满冲突的动态过程。凯勒·伊斯特灵创造了"超治国之道"（Extrastatecraft）一词，用来描述大规模基础设施及其与国家政府之间的关系所产生的多种多样、相互重叠、嵌套的主权形式。

海底之下，工厂之内

"谷歌全球基础设施战略谈判代表"杰恩·斯托维尔（Jayne Stowell）告诉《纽约时报》（*New York Times*）的记者："人们以为数据被储存在云端，但事实并非如此。数据被储存在海洋里。"[②] 她指的是海底电缆——数字基础设施的另一个关键组成部分。虽然无线设备的兴起展示了另外一番景象，但电缆仍是至关重要的网络基础设施，尤其是加快了洲际网络流量速度的海底光纤电缆。[③] 斯托维尔的主要工作是监督谷歌海底

---

① Bratton, *The Stack; Rossiter, Software, Infrastructure, Labor*.
② 援引自《纽约时报》（参见 Satariano, "How the Internet Travels across Oceans"）。
③ Starosielski, *The Undersea Network*.

电缆项目的建设。事实上，脸书、谷歌、微软和亚马逊已成为这项业务的主要参与者。脸书和谷歌曾在 2016 年联手建造了一条从洛杉矶通往中国香港的跨太平洋海底电缆。这条长达 1.28 万公里的光纤电缆拥有每秒 120 万亿字节的容量，在所有跨太平洋电缆中速度最快。[①] 同年早些时候，脸书还宣布与微软合作，建造一条海底电缆，连接弗吉尼亚州的弗吉尼亚海滩和西班牙的毕尔巴鄂（Bilbao）。这展现了一种广泛的趋势：谷歌和脸书等云计算公司对带宽的需求如此之大，以至于必须建造属于自己的海底电缆，而不是从其他运营商（通常是私人和公共机构组成的财团）手中购买容量。

杰恩·斯托维尔监管的一个项目名为"居里"（Curie），是一条长达 1.05 万千米的海底电缆，连接着美国与智利——谷歌在拉丁美洲最重要的数据中心所在地。这条电缆由谷歌独家建造并拥有。该公司还有另外两条新电缆，能分别连接美国与法国、葡萄牙和南非。对谷歌这样的技术巨擘来说，独立拥有如此昂贵、复杂的基础设施并不是一件新鲜事，说明了谷歌运营的规模与经济实力。"居里"项目的光纤电缆由新罕布什尔州纽因顿（Newington）的一家工厂制造，其宽度相当于花园软管，但封装在钢和铜制成的保护层中。一艘专门的运输船停靠在附近的皮斯卡塔夸河中。经过为期一周的劳动密集化

[①]　Satariano, "How the Internet Travels across Oceans."

装载过程，光缆会被装上甲板，运往新起点加利福尼亚州。自此，船员们要 12 小时轮班作业，将电缆缓慢地放进海底。[①]

谷歌和脸书建造自有海底电缆的举动再次体现了两家公司积累的强大基础设施实力，表明它们已经成为互联网基础设施政治和经济发展的主要参与者。数据中心的安保人员、清洁工和工程师，光缆工厂的工人，以及花费数月时间将光缆搬上甲班的船员也暗示着，全球各平台的物理基础设施背后都包含了大量的劳动力。这些外包工人如同一个同心圆，围绕着脸书和谷歌等平台雇用的相对较少的核心劳动力。他们参与的各种基础设施的生产让脸书和谷歌能够正常运转。另一种基础设施是允许用户连接到社交媒体的设备，比如笔记本电脑、平板电脑和智能手机。

苹果手机之城

如今，大多数人可能都有所耳闻，苹果的大部分产品都是由一家名为富士康的公司组装完成的。苹果产品的许多零部件都是在其他地方生产后被运输到庞大的富士康工厂进行最终组装的。这条供应链的关键步骤之一是生产各种设备芯片的半导体工厂。半导体技术最重要的生产基地位于中国台湾。中国

---

① Burgess, "Google and Facebook's New Submarine Cable."

台湾半导体制造公司的大型工厂也是苹果产品大部分芯片的来源，整个生产过程都由苹果公司严格控制。

尽管劳动成本不断上升和贸易摩擦导致了空间的多元化，一部分苹果手机的组装工作已经被转移至印度等地，但中国的富士康公司仍然是组装中心，雇用着数十万工人。河南省郑州市也被称为"苹果手机之城"。根据季节和订单情况，郑州庞大的生产综合体会雇用多达 30 万的工人，其中大部分人居住在附近的宿舍中。他们的主要任务是完成苹果手机的最终组装、测试和包装，也就是说，大部分人从事的只是其中一个步骤。举个例子，屏幕抛光环节的工人每天要重复抛光步骤大约 400 次。①

苹果公司的另一个集群位于珠江三角洲——全球 IT 产品生产外包最早、最大且最重要的地点之一。尽管富士康公司为了应对工人工资上涨，已将一些生产要素从这个区域转移了出去，但珠江三角洲仍是其中国业务的主要中心。富士康在珠江三角洲最大的工厂位于深圳附近的龙华科技园，那里也被称为"富士康之城"，是一座雇用了数十万工人的综合体。

珠江三角洲是中国改革开放的先行者。深圳作为珠三角最大的城市之一，于 1980 年成为中国的第一个经济特区，起初吸引了不少台湾和香港企业，后来成为西方企业的承包制造中心。自 20 世纪 80 年代以来，城市的爆发性成长使我们愈发

---

① *Business Insider* 对某员工的采访（参见 Jacobs, "Inside 'iPhone City'"）。

难以确定居民的确切人数，其中近半数人都是外来民工。和深圳一样，珠江三角洲周边已经发展成为世界上最重要的出口导向型生产区之一。就规模和人口而言，整个珠江三角洲正在变成特大型城市聚集之地和世界上最大的城市带。[①]

在珠江三角洲崛起成为 IT 制造业中心之前，美国——尤其是硅谷——曾是 IT 制造业最重要的地区。如今，大多数 IT 制造业已经离开硅谷，只剩下为数不多的几家工厂，其特点是高素质且高薪的科学家和工程师与制造工人之间存在明显差异，而分散在分包链上的制造工人最终会在分包商的分配下居家工作。在硅谷的 IT 制造领域，以及服务于技术公司和初创企业、日益蓬勃的服务领域，人们的工作特点是条件不稳定，工资通常很低，而且女性和外来民工所占比例很高。[②]因此，尼克·戴尔-韦瑟福德认为，硅谷建立在外来民工的基础之上，后来才将阶级动力扩散到世界范围内。[③]

从硅谷出发，IT 制造业转移到了类似珠江三角洲、墨西哥、马来西亚和东欧等多个地区。这个过程持续了几十年，但

[①] 摘自世界银行的一篇新闻稿，"World Bank Report Provides New Data to Help Ensure Urban Growth Benefits the Poor," January 26, 2015, http://www.worldbank.org/en/news/press-release/2015/01 /26/world-bank-report-provides-new-data-to-help-ensure-urban-growth-benefits-the-poor.

[②] Lüthje, *Standort Silicon Valley*; Pellow and Park, *The Silicon Valley of Dreams*.

[③] Dyer-Witheford, *Cyber-Proletariat*, 71.

在 2001 年的经济衰退中加快了速度。和 20 世纪 70 年代的硅谷制造业劳动力一样，全球的 IT 制造业工人如今主要以女性为主，而且很大程度上是外来民工。[1] 按照史蒂芬尼·赫尔特根（Stefanie Hürtgen）及其同事的说法，全球许多地区的 IT 制造业都以 "灵活的新泰勒主义" 为特征。这是一种当代的泰勒主义生产形式，但缺乏福特主义的监管模式，是 "继福特主义之后的泰勒主义"。[2] 这种出口导向模式的基础是标准化生产技术带来的灵活合同、分包劳动和（甚至以当地标准来看都显得）低廉的工资，允许劳动力的高度波动。富士康公司位于捷克共和国的工厂就是这种趋势的一个例子。那里的分包工人多为临时工机构招募的外来民工，有时占员工总数的一半以上。[3] 这些工人生产的各种设备都是为了让用户能够访问脸书等社交媒体平台。

在这些地方生产的设备上，脸书和其他社交媒体的用户能够看到别人上传的度假照片，查看当地足球俱乐部的状态更新，或收取邻居的生日派对邀请。不过，虽然所有内容都是由用户创建的，但并非所有用户上传的内容都会出现在其他用户的屏幕上。

---

[1] Lüthje, *Standort Silicon Valley.*

[2] Hürtgen et al., *Von Silicon Valley nach Shenzhen*, 274.

[3] Andrijasevic and Sacchetto, "Disappearing Workers."

内容审核："我看到的东西超出想象"

　　每分钟都有数百万条评论、状态更新、图片和视频被发布在脸书之类的社交媒体平台上。虽然普通用户看到的绝大多数都是平淡无奇的帖子，但罗伯托（Roberto）在脸书上看到的图片、视频和评论一点儿也不平淡：从早到晚，他的屏幕上充斥着超乎想象的暴力、种族主义和仇恨的表达与描述。罗伯托是一名内容审核员。他在一家与脸书签约的公司工作，职责是尽可能地维护脸书的内容健康。虽然平台致力于为用户营造一个文明的网络环境，但罗伯托每天都在目睹社交网络的阴暗面："我每天看到的东西超出了我入职前对人类能够所做之事的想象。"①

　　一周 5 天，他都要走进柏林的一栋办公大楼，来到办公桌旁，打开数字审查工具，面对社交媒体的阴暗面。他的队列中正在积累越来越多的"标签"（必须由他审核的、被标记为"不当"的内容）："你就像一台机器，无时无刻不在点击鼠标。"② 欧唯特公司（Arvato）的柏林办事处共有 600 多名工作人员，其中大部分都是和他一样的外来民工。他们所属的数十万全球数字工人大军一直在努力保卫社交媒体网络、视频平

---

① 对欧唯特员工罗伯托（姓名已更改）的采访，柏林，2019 年 3 月。
② 同上。

台、约会应用程序、信使软件、报纸评论板块和更多的数字空间，以平台希望的方式来审核用户生成的内容。这些工人至关重要，他们是让社交媒体正常运转的基础设施中关键却又十分隐秘的组成部分。尽管脸书的用户大多看不到他们，但罗伯托及其同事明白自己在这个时代的重要性，因为脸书的重要性日益增加，同时也成了仇恨运动和各种暴力内容散播的重要平台："我们总是说，自己见过的鲜血和暴力与医生、警察见识过的一样多——但他们拿的不是最低工资。"①

这些数字工人是平台不可或缺的组成部分。更具体地说，他们已经与平台的算法基础设施紧密结合在了一起。就众包工作而言，活劳动力会被融入算法结构，以填补算法无法作出决策、需要人类认知的空白。在平台的数字界面背后隐蔽的人类劳动中，内容审核是最重要的部分。它是数字社交媒体中劳动密集、高度敏感和非常关键的一个环节。内容的规模和内容审核的复杂性也对社交媒体平台构成了前所未有的挑战。

好内容，坏内容

近年来，假新闻和仇恨言论，以及平台对用户发布内容的审核责任已成为公众辩论的中心问题。事实上，从脸书

---

① 对欧唯特员工罗伯托（姓名已更改）的采访，柏林，2019 年 3 月。

到 YouTube，从 Tiktok 到 Instagram，这也许是所有大型社交媒体平台如今面临的最大挑战。罗伯托供职的欧唯特公司（Arvato）受雇于脸书，是该平台对德国公众批评其在右翼仇恨运动中发挥了作用作出的回应。作为德国知名企业贝塔斯曼（Bertelsmann）的子公司，欧唯特协调组建了一支审核团队，试图平息大众的怒火，同时在立法者制定新法、要求社交媒体平台对上传至自己网站的内容负责后予以回应。全球各地的平台都面临类似的批评和法律压力，使得内容审核工作成为所有科技公司高管都要面对的关键问题。

在所有上传至社交媒体平台的内容中，很大一部分可能会招致其他用户的厌恶。在大多数平台上，用户可以"标记"这种内容，从而开启内容审核过程。用户标记帖子的原因多种多样。很多人不喜欢帖子的内容，也许是因为其中包含了暴力、种族歧视、裸体、毒品，以及其他法律、文化标准认为具有冒犯性的内容。但脸书等社交媒体公司从平台上删除此类内容有自己的理由。首先，它希望维护平台的开放性，使其成为尽可能多的用户愿意花时间停留的地方。其次，许多法律和政治规定会迫使脸书删除一些上传内容。为避免在某些国家被封禁，脸书还会试图安抚扬言要封锁社交网络平台的政府。例如，2012 年泄露的一份手册就展示了脸书讨好土耳其政府的努力："对阿塔图尔克（Ataturk）的所有攻击"都会被禁，同时被禁的还有库尔德斯坦（Kurdistan）的地图、库尔德工人党（PKK）的标志以及阿卜杜拉·奥贾兰（Abdullah Öcalan）的图片（附录提到，"如果明确反对库尔德工人党和/或奥贾兰，请忽略"）。[1]

虽然所谓的社区标准概述了脸书会禁止哪些类型的内容，但具体的内容限制以及平台如何监控、由谁来监控仍是个秘密。近年来，脸书公开过一些文件，试图让其审核过程更加透明。但关于内容审核平台会保留哪些内容的具体规则，外界依旧难以获知相关信息。此外，脸书公开的规则和标准也十分宽泛。不仅如此，工人们还报告称，相关规则每个星期甚至每天都在变化，错综复杂。

普遍来说，内容审核是一项复杂的工作，因为对暴力、色情、幽默和恐怖主义等关键话题的解读，在不同的法律、文化和政治背景下存在很大差异。虽然脸书一直不愿对其平台上的内容负责，但在巨大的压力下，公司还是在内容审核系统上投入了大量精力。

文化困扰下的算法

脸书的平台是由一个日益智能化的算法架构组织起来的，

---

[1] 通过众包工作平台 oDesk 为脸书进行内容审核的手册泄露内容可以在网上找到：https://de.scribd.com/doc/81877124/Abuse-Standards-6-2-Operation-Manual，2020 年 10 月 30 日访问。

该构架管理着用户在网站上的行为。脸书和其他平台在开发内容审核自动化软件方面投入了大量精力。然而，在许多领域（比如文化规范和实践，以及与其高度相关的内容），算法智能经常失灵。如今，脸书软件已经可以十分有效地检测出照片和视频中的裸露内容（但这些规则会再次受到文化的影响，比如脸书允许男性露出乳头，但禁止女性露点）。大多数因裸露和性活动被删除的内容如今都是由软件拣选出来的，准确率超过 90%。另一方面，对于仇恨言论或霸凌等和语境高度相关的内容，软件却很难理解，大部分情况下无法做出正确的判断。[①] 在所有类别中，脸书的机器学习软件只会提出可能删除的内容，因此作出实际决定的还是人类内容审核员。

人们的目的显然是建立一个能够自动操作的系统，但这样的愿望能否达成令人怀疑。虽然脸书的高管经常公开表示，人工智能是公司内容审核的发展方向，但软件工程师和专家并不这么乐观。脸书如今拥有超过 1.5 万名内容审核员的事实表明，尽管在自动化方面付出了诸多努力，但人力仍是目前平台审核基础设施非常重要的组成部分。人类认知依旧是内容审核

① 摘自对德国非政府组织 Netzpolitik 的采访（参见 Dachwitz and Reuter, "Warum Künstliche Intelligenz Facebooks Moderations probleme"）。

203

的核心，完全通过自动化来判断什么内容可留的未来仍然遥不可及。

审查可疑内容的工作属于复杂的全球分工的一部分。大多数社交媒体公司都有专门进行内容审核的内部部门。这些部门通常会制订标准，监督分包商处理政治敏感问题或涉及执法的疑难案件（威胁、暴力、儿童色情等）。参与其中的劳动力还包括制订内容审核标准的专家和律师，以及应对潜在重大案件和安全问题（比如即将发生的袭击）的专家。例如，如果为柏林分包商工作的罗伯托发现，一篇帖子的内容指明即将发生暴力袭击事件，他就会将其"上报"，由脸书都柏林欧洲总部的专家进行评估，并有可能联系相关国家的执法机构。

罗伯托供职的公司代表了脸书内容审核系统的另一个层面。尽管美国和德国等国家的工资水平相对较高，但脸书还是选择在那里开展内容审核业务，其中一部分原因在于近年来的政治压力，同时也因为人们逐渐认识到，内容审核还需要除语言技能之外的大量文化知识。大多数情况下，内容审核业务包括类似客户服务中心的办事处，有时还有数百名由分包公司管理、受脸书、谷歌或其他平台严密控制的雇员。另外一个重要的群体，可能是内容审核劳动力中人数最多的一部分，被外包给了印度和菲律宾等国家。当地工人也会为其他国家进行内容审核。最终，还有一部分需要审核的内容会通过众包工作平台直接外包给居家工人。这就造成了复杂的全球分工，也就是说，工人会在不同的时间和地点完成审核社交媒体平台内容的任务。

柏林、奥斯汀、都柏林：外包民工

罗伯托供职的客户服务中心是由一家分包商运营的。德国媒体和政界人士总是指责脸书无法应对仇恨言论和种族主义等问题。面对日益严重的指责，脸书宣布聘请德国贝塔斯曼集团的子公司欧唯特在全球雇用超过 7.2 万名员工，提供包括云计算、物流、金融以及各种客户关系、客户服务中心和内容审核在内的各种服务。欧唯特自称是众多能够提供广泛服务的公司之一，但公众对它几乎一无所知。"你可能不知道，但欧唯特一直存在于你使用的大量产品和服务背后"，公司网站写道，"德国的每名消费者平均每天都会与我们接触 8 次"。[1]2019 年，欧唯特公司与摩洛哥的 Saham 集团合并，成立了迈睿公司（Majorel）。这家公司在 28 个国家拥有 5 万名雇员，是内容审核方面的行业领先者。如今，迈睿公司在罗伯托工作的柏林也开设了中心。

2016 年，欧唯特公司雇用了大约 600 名员工，组成了包

---

[1] 公司官网上的自我介绍，https://www.arvato.com/en /about /facts-and-figures.html，2017 年 2 月 9 日访问。

括德语、阿拉伯语、英语、土耳其语、瑞典语、意大利语和西班牙语在内的不同语言团队。这些工人大多是拥有移民背景的年轻人。许多人还有大学学历或其他在德国通常不被接受的专业学位。"柏林非常适合这家公司。许多来自世界各地的外来民工需要工作。大多数人最大的问题是语言。"罗伯托说道。他于几年前来到德国，在入职欧唯特柏林办事处之前曾尝试过几份自由职业。① 不管是为了躲避叙利亚战争还是欧元危机，抑或是逃避欧洲南部严厉的紧缩措施，越来越多具备相关知识技能的年轻工人移民到德国。欧唯特公司正好利用了这一人群。柏林的文化吸引力、相对较低的租金以及就业的希望促使不同阶级的年轻外来民工大量涌入。然而，大部分人很难找到长期职业，其中不少都处于失业状态，或是在服务业工作。虽然这些人拥有大学学历和其他专业技能，却还是要从事不稳定的临时工作。对欧唯特公司和内容审核工作的要求而言，这些拥有正式或非正式资质、很难在德国就业市场中就业的各国年轻移民，组成了一个几乎完美的劳动力资源库。

雇用外来民工从事内容审核工作并不是柏林独有的。从内容审核公司的角度来看，这些民工在许多方面都是完美的劳动力，他们具备重要的语言和文化技能，同时在当地职业市场中的选择很少。得克萨斯州奥斯汀某家为 YouTube 网站进行

---

① 对欧唯特员工罗伯托（姓名已更改）的采访，柏林，2019 年 3 月。

内容审核的分包公司雇员向记者解释道："移民到美国后，我们的大学学位得不到认可，但又必须找些事做。我们需要工作赚钱。"[1] 在这家服务于 YouTube 的美国规模最大的内容审核机构中，他的许多同事都是新近移民，在成为内容审核员之前，曾经担任过快递司机或保安。尽管他们希望拥有与全职谷歌雇员相似的条件，但这些劳动力被谷歌称为 TVC（临时工、供应商和合同工的统称），占谷歌员工比例的 50% 以上。就工作条件而言，位于奥斯汀的分包工人与山景城谷歌村的全职员工大不相同。执行方面的巨大压力、过多地接触暴力内容，令许多奥斯汀员工都出现了精神问题和应激障碍症状。[2]

罗伯托在入职欧唯特柏林办事处时，曾被迫签署过一份保密协议，禁止他透露自己在为脸书工作。这也是他和许多同事提及这家位于柏林西北部的内容审核机构时格外谨慎的原因。大多数合同都是临时性的，有些工人是通过中介机构被雇用的，因此不少人都害怕失业。尽管担心被解雇，但在欧唯特公司为脸书工作几个月之后，不满情绪还是在工人中蔓延开来。大家纷纷抱怨执行压力大，缺少休息时间，尤其还要被迫连续数个小时观看令人极其痛苦的内容。由于欧唯特公司未能妥善处理投诉，有些工人开始与当地的社会活动家沟通，考虑

---

① 摘自 *The Verge* 的引文（参见 Newton, "The Terror Queue"）。
② Newton, "The Terror Queue."

将自己的工作条件披露给媒体，但大多数人还是担心会失去临时工作。据称，有些工人每天需要审查 1500 个案例（业内被称为"标签"），每个标签的平均审核时间为 15 秒。[1]

最终，2016 年 12 月，国家报纸《南德意志报》（*Süddeutsche Zeitung*）针对欧唯特公司的情况发表了一篇重要报道。报道主要关注了工人们被迫观看的那些令人痛苦的图像，并提到了该公司的前任和现任工人的经历："那些照片非常糟糕，比培训过程中看到的糟糕得多……有暴力行为，有时还有被毁容的尸体。经常有人离开房间，而且是哭着跑出去的。"[2] 另外一名工人报告称，完成每日配额的压力很大："你必须达到每天的目标，否则就会被主管找麻烦。工作压力很大。"[3] 该报道引起了大量关注。脸书与欧唯特公司公开宣称，他们为员工提供了足够的心理和医疗支持，以帮助他们应对痛苦的经历。然而，这一点却遭到了员工的否认。

丑闻发生后，脸书向分包商施压，要求他们提供更好的工作条件。于是公司降低了配额，还雇用了心理支持人员来帮助员工应对令人痛苦的内容。虽然事实证明，降低最高配额对员工来说是一种解脱，但他们对心理支持人员的评论体现了

---

[1]　对欧唯特员工罗伯托（姓名已更改）的采访，柏林，2019 年 3 月。

[2]　欧唯特柏林办事处内容审核员，摘自 *Süddeutsche Zeitung* 引文（参见 Grassegger and Krause, "Im Netz des Bösen"）。

[3]　Grassegger and Krause, "Im Netz des Bösen."

员工对管理层的不信任：“心理支持团队是有的，但他们只是社工。我们不信任那些人，因为他们是为公司工作的。”[1]虽然许多工人的合同内容没有续签条款（避免公司要永久地雇用他们），但一些人是因为痛苦的工作内容而离职的。罗伯托解释道，他会尝试将自己看到的暴力画面概念化为“一部电影”，因此他是少数长期留任的工人之一。

事实上，大多数工人在工作的前两年就会离职，要么是被迫选择，要么是遭到了解雇。曾对内容审核员进行过开拓性研究的沙拉·罗伯茨（Sarah Roberts）也得出了类似的结论。她曾在美国采访过许多人文专业的毕业生。他们拥有文科学位，正在寻找第一份工作，通常是做临时合同工，要为不同的分包商工作。他们中的一些人会在几个月后离职，或是在两年后被解除合同，但仍旧会为自己被迫观看的暴力画面感到痛苦。[2]

一名入职欧唯特柏林办事处 3 个月就辞职的员工在一份报告中描述了自己的经历：“文字、图片、视频源源不断。你不可能事先知道屏幕上会弹出什么内容。”[3]大部分内容平淡无

---

[1]　对欧唯特员工罗伯托（姓名已更改）的采访，柏林，2019 年 3 月。

[2]　Roberts, *Behind the Screen*.

[3]　欧唯特柏林办事处前任内容审核员 Burcu Gültekin Punsmann 的报告，发表在 *Süddeutsche Zeitung*（参见 Punsmann, "Three Months in Hell"）。

奇，之所以会被用户标记出来，是因为它们由于种种原因遭到了用户的厌恶。但她在为脸书进行内容审核时曾目睹过大量的暴力素材，并为此感到震惊："这些内容暴力至极。我曾经在饱经摧残的冲突环境中从事人道主义援助工作，接触过真实世界中的暴力行径。但我还是无法想象……暴力竟会在社交媒体中如此盛行。"[1] 她发现自己会在照顾家人时产生一种"高度警惕"的感觉，同时梦到工作场景，感觉自己对暴力枪击事件的看法开始发生改变，于是她辞掉了工作。"拉斯维加斯（Las Vegas）那场可怕的枪击在我看来突然变成了再正常不过的事情。"[2]

工业化决策

在大多数内容审核机构中，员工不仅需要面对令人痛苦的审核素材，还要承受高强度的工作压力。随着内容审核的规模和劳动强度逐渐增加，该领域的运营变得越来越标准化。"对统一和标准化的追求，以及严格的生产力指标，没有给人类的判断和直觉留下多少空间"，一名欧唯特的前任员工解释道。"在智力上颇具挑战性的任务往往会变成一种自动化的行

[1] Punsmann.
[2] 同上。

为，几乎是一种下意识的反应。"[1]2018 年，为了实现脸书前内容政策主管戴夫·维尔纳（Dave Willner）所说的"工业化决策"，[2]脸书引进了一款工作场所软件，以最大限度地提高不同国家承包公司的产出效率。这款软件名为"单日审核工具"（SRT），可以为内容审核员构建工作内容。审查员将看到不同的"标记"（审查任务），按照"暴力极端主义"或"裸露"等主题将它们分门别类，排成不同的序列，优先等级各异。根据队列的不同，审查任务被分配的审查时间也不同。在不同的领域和地区，配额始终在不断变化，但永远是激励员工的一种手段，也是合同终止的原因之一。举个例子，脸书在德国的第二大内容审核机构位于埃森市。该机构存在一种"雇用与解雇"机制，即无法达到特定指标的员工很快就会被挑拣出来。[3]SRT 软件会记录所有的指标。工人的每次休息都会被记录，如果工人好几分钟不活动，软件就会将他们的状态自动显示为"不可用"，供管理层查看。

质保部门会从审核结束的任务中随机抽取几个样本进行检查。该部门由同一办事处的员工和脸书其他地区办事处的高级直雇员工组成。质保部门会为 SRT 工具中可见的每一名工

---

[1]　Punsmann，翻译修正。

[2]　摘自 *Vice* 引文（参见 Koebler and Cox, "The Impossible Job"）。

[3]　摘自对德国非政府组织 Netzpolitik 的采访（参见 Reuter et al., "Exklusiver Einblick"）。

人生成准确的评分。如果工人的分数低于某个特定水平（多数地方为98%），就会面临来自管理层的压力。克里斯·格雷（Chris Gray）曾是脸书在爱尔兰都柏林的一家分包公司雇用的审核员。目前，他正在起诉脸书，声称恶劣的工作条件致使他遭受了"心理创伤"。他就是因为表现评分不佳而被解雇的。公司要求他的质量评分须达到98%以上，如果评分下降到阈值以外，就会给他带来相当大的压力。"如果周二或周三上班时犯了5个错误……那么你满脑子想的就是如何拿回分数。"[①]在不同国家的众多承包公司中，以低于绩效指标为由解雇员工都属于正常程序。

来自欧洲和美国等地承包商的报告非常相似，构成了一幅以高压、配额和日益标准化为特征的工作制度景象，而工人们要面对的是令人极其痛苦的内容。与此同时，大部分工作内容都是由外包承包商完成的。这些承包商通常是外来民工，往往只持有短期合同——一种既能约束劳动力又能应对不断变化的需求的工具。因此，柏林、奥斯汀或都柏林的内容审核机构体现了数字泰勒主义与本书前几章分析过的灵活劳动关系相结合的许多特征。

---

① 摘自 *Vice* 引文（参见 Gilbert, "Facebook Is Forcing Its Moderators to Log Every Second of Their Days"）。

社交媒体黑暗面的全球地理分布

"如今，每个人都可以访问互联网。如果控制不好，互联网就会变成一座色情片工厂。"在纪录片《审查员》（*The Moderator*）中，一名经验丰富的内容审核员沉思道。[①] 这部短片由夏兰·卡西迪（Ciaran Cassidy）和阿德里安·陈（Adrian Chen）执导，描述了印度某办事处新入职的雇员的一周。和组织培训课程的老手审查员一样，纪录片中的其他高管也对新雇用的审查员强调了他们未来将要从事的工作的社会重要性。

这些新员工就职的公司是为海外客户提供内容审核服务的印度运营商。因此，他们属于全球内容审核劳动力中的重要组成部分。在柏林、奥斯汀和都柏林，为社交媒体进行内容审核的数字工厂相对较新。然而，在马尼拉或海得拉巴，这些数字工厂已经存在多年。外包给菲律宾、印度和其他国家的内容审核工作一直是大型平台的关键组成部分。为发达国家的客户进行的内容审核工作大部分是在发展中国家完成的。将内容审核工作外包出去，不仅能通过相对低廉的劳动力成本带来额外的收益，还能让西方企业远离可能的后果，比如受到创伤的员工提起的诉讼。

[①] 引自 Ciaran Cassidy and Adrian Chen, *The Moderators*, 2017, https://www.youtube .com / watch ?v = k9m0axUDpro。

在这部纪录片中，新员工的情况会在为期 5 天的培训计划中被一一详细介绍给观众。之后，他们将搬去自己的隔间，开始亲自进行审查工作。培训的大部分时间里，他们都坐在大屏幕前，听培训师解释工作规则。工人们大多对内容审核知之甚少，他们都为这份新工作感到兴奋，希望能在印度蓬勃发展的数字经济中拥有属于自己的职业生涯。由于公司服务的客户中有一家西方的约会平台，培训师警告道，他们的宗教信仰可能会受到冒犯。经过几天的培训和大量的示范案例展示，新手们似乎一直在认同与震惊中来回摇摆。"我看到的图片光怪陆离，对我来说十分奇怪。我从未想过自己会从事这种和裸露等内容有关的工作。"其中一名新员工在回顾一周的培训时对同事们说。[1] 虽然裸露的画面似乎已经令大多数工人感到茫然，但大屏幕上出现的带有残忍细节的无数暴力案例更令人震惊。培训师会谨慎地解释哪些规则适用于暴力对待儿童的画面。

开放式办公室的墙壁上挂着显示世界各地不同时区的时钟，象征着这家公司的国际性。各个团队夜以继日地工作，以确保为所有时区的客户提供全天候的服务。由于公司的任务之一是为某款约会软件进行内容审核，所以大家对公司的业务尤其敏感。"软件的使用者是在寻找灵魂伴侣，所以格外脆弱"，

---

[1]　引自 Cassidy and Chen。

一名培训师强调了这份工作的重要性。平台上高达 70% 的新账户都是骗子为了利用客户开设的。培训师十分清楚，他的公司所做的工作是社交平台存在的基础——不管是约会软件还是其他程序。"如果没有审查员，在线约会平台就不会像今天这样蓬勃发展。"[1]

"几乎像与美国人或澳大利亚人一起工作一样"

除印度之外，全球内容审核分工中的第二大国家是菲律宾。作为外包 IT 劳动最重要的地区之一，菲律宾不仅是许多内容审核公司的所在地，还拥有成千上万提供各种数字服务的当地或跨国公司。如今，菲律宾已成为 IT 领域所谓的业务流程外包（BPO）的核心所在地。该行业在菲律宾雇用了超过 100 万名工人，收入达 300 亿美元。如此普通的服务行业已成为菲律宾经济中最重要的部门，贡献了该国国内生产总值的大部分，雇用了超过一半的国内劳动力。[2]

内容审核是向国际客户提供的此类服务中最重要的一项。与印度一样，菲律宾已经成为内容审核外包工作的主要国家。

---

[1]　引自 Cassidy and Chen。

[2]　来自世界银行采集的数据，http://data.worldbank.org/indicator/NV.SRV.TETC.ZS?locations=PH，2017 年 1 月 23 日访问。

例如，脸书的内容审核团队分布在 20 个国家，包括罗伯托所在的柏林办事处，以及拉脱维亚、肯尼亚等国。但脸书声称，印度和菲律宾是其最重要的外包地。除了脸书，包括 YouTube 和推特网（Twitter）在内的所有主要平台都会通过埃森哲（Accenture）或高知特（Cognizant）等承包商将内容审核任务外包给菲律宾。菲律宾拥有大批有资质的工人，其中不少人都拥有大学学位，英语技能良好（因为英语是该国的两种官方语言之一）。相对廉价且有资历的劳动力是业务流程外包书写"成功故事"的基础。在此过程中，菲律宾还取代印度，成为全球客户服务的中心之都，变身为吸引大量 IT 劳动外包工作的"磁石"，而内容审核只是其中的一部分。[①]

除了语言技能，客户服务中心和内容审核工作还需要一定的文化水平。在这一点上，菲律宾的殖民历史和后殖民时代现状成了该国参与全球竞争的一个特殊因素。Microsourcing 公司作为西方社交媒体内容审核工作的主要供应商之一，赞扬当地数字工人的优势是工资较低但受过良好教育，且忠厚老实、勤勤恳恳，还提到菲律宾"作为美国曾经的殖民地，全国约有 90% 的人信仰基督教，文化非常'西化'"。据该公司所说，与菲律宾人合作"感觉几乎像与美国人或澳大利亚人一

---

① Bajaj, "A New Capital of Call Centers."

起工作一样"。[①]

　　菲律宾之所以能成为西方企业内容审核的热点地区，其原因包括先后被西班牙和美国殖民的历史，以及后殖民时代来自美国的影响（比如语言和教育体系），同时该国通过半导体和其他电子产品打入了全球市场，拥有流动性极强的劳动力（以菲律宾水手和护工为例）。菲律宾与美国有着紧密的文化联系，该国所有的学校都会教授英语，且通常带有美国口音（这一点对客户服务中心的工作至关重要）。菲律宾每年的大学毕业生人数为 50 万，其中大多数人都熟知美国文化，经常去美国工作或学习，为需要高水平文化知识的内容审核等IT 工作提供了丰富的劳动力资源库。此外，由于曾被西班牙殖民，菲律宾人口大多信奉天主教——在涉及文化价值观的问题上，尤其是有关色情片之类的极端案例，外包工作或至少是其中的一部分，并不是所有人都能完成的任务。某些内容审核工作相对简单，比如为图片分类，但许多任务要求高水平的能力。内容审核员必须根据一套复杂的规定、外国法律标准和不属于他们自身文化的准则与品味来工作，有时还要用到外语。[②] 这个过程是虚拟移民的又一实例：工人留在自己的国家，

---

① 摘自网站 Microsourcing，https://www.microsourcing.com/why-offshore/why-the-philippines/,2020 年 1 月 19 日访问。

② Roberts, "Digital Refuse."

却要依据另一个国家的文化、法律和时间节奏来工作，而且和真实世界中的移民一样，他们还要面临多种文化、社会和法律问题。

菲律宾拥有许多大型的内容审核服务供应商，比如迈睿（曾经的欧唯特）、TaskUs 和 Microsourcing，以及一些规模较小的工作团队。这些公司雇用的工人人数有时估计有数百万人。按照菲律宾的标准来看，许多内容审核员与从事 IT、客户服务行业业务流程外包工人的工资都很高。他们大多是大学毕业生，通常为中产阶级或出身贫苦的女性，工作地点多为马尼拉地区的大型办公室，也有一些在全国其他地区新建的科技园区（许多 IT 和业务流程外包机构所在的地方）。在现代的 IT 商业园里，许多内容审核员拿着优渥的工资，在配备了空调的办公室里工作，和业务流程外包部门的其他数字工人共享空间和社交社区。

但内容审核工作值得人们特别留意，因为工人经常要面对不属于其文化的黑暗面，许多人在情感方面难以忍受。不少审核员每天要审查 6000 张图片或 1000 段视频，其中很多都包含残暴行径或色情内容，会给人造成心理创伤与困扰。一名为推特网承包商工作的审核员告诉《华盛顿邮报》（*Washington Post*）的记者："下班时，我的大脑已经筋疲力尽，甚至无法思考。"这名在马尼拉工作的审核员回忆道，他偶尔会梦到自己成了自杀式爆炸或车祸的受害者，并据此得出结论："要做这份工作，你必须是一个坚强的人，并且非常了解自己。"[1]
有些雇员们报告称，他们患上了抑郁症和睡眠障碍，甚至出
现了心理或性方面的问题。还有一些年轻员工在观看了大量
的儿童色情片后，发现自己很难让子女与他人单独相处。[2]
你很难预测这些劳动形式会给工人带来什么样的长期影响，
因为没有人对内容审核人员造成的长期心理影响进行过实质
性的研究。

　　尽管菲律宾能够提供与西方标准相比较为廉价的劳动力，
但内容审核依旧是一种需要资质的劳动，需要解决比较复杂的
问题。将内容审核工作外包至菲律宾要比外包至更落后一些的
国家（即工资水平更低、可以通过众包工作平台将工作外包给
工人的那些国家）成本更高。由于大多数社交媒体平台对自己
的内容审核体系高度保密，因此我们很难估计相关工作有多少
是通过众包完成的。举个例子，众包工作平台泄露的一份手册
证明，脸书曾通过众包形式进行内容审核。但情况是否如此，
以及在多大程度上仍旧如此还很难说。不过，各众包工作平台
上的大量工作都属于不同形式的内容审核范畴，表明很大一部
分内容审核工作仍旧是由全球各地的众包工人完成的。许多众

---

[1]　摘自《华盛顿邮报》引言（参见 Dwoskin, Whalen, and Cabato, "Content Moderators at YouTube, Facebook and Twitter"）。

[2]　Chen, "The Laborers Who Keep the Dick Pics and Beheadings out of Your Facebook Feed."

包工人也报告称，他们的工作显然属于某种内容审核体系，要么是判断"直播案例"用于质量把控，要么是为了训练算法审核内容。

成为构架

内容审核劳动突显了社交媒体平台实际的劳动密集程度。这些分布在全球各地的异质化数字工人隐藏在用户的视线之外，持续清理着社交媒体。他们几乎无缝地融入了平台的算法结构，构成了脸书等社交网络背后复杂构架的一部分。这些劳动力既包括大型企业法务部门高学历、高薪资的专家，也包括世界各地大量不稳定的外包工人群体。后者尤其可以被描述为数字泰勒主义的另一个实例。他们的劳动被紧密地融入了算法的体系之中，由计算机系统来组织，填补了人工智能的空白。其工作内容多半是高度重复甚至了无趣味的，但对情绪的要求很高，而且是在不稳定的环境下进行的。工作的执行者不管是柏林的叙利亚难民，还是马尼拉的年轻毕业生、突尼斯的众包工人，抑或是北美农村居家工作的母亲，内容审核任务形成了复杂多面的国际分工和地理格局。其工作不限于脸书以及其他社交媒体，还包括各种各样的网站，比如开设了评论板块的报纸、聊天室、在线游戏，允许互动的约会网站，以及某些由用户生成内容、需要人工审核的内容。然而这些"数字清洁工"

却是互联网政治经济（尤其是社交媒体）中最不为人所知的组成部分。

与其收入和重要性相比，脸书和谷歌等公司的直接雇员很少。但是让平台成为可能的恰恰是处在这类核心劳动力周围的工人。不管是在软件还是硬件基础设施中，程序员、评估员、硬件工程师和内容审核员的工作都被隐藏了起来，融入基础设施之中。他们的劳动大多是承包、分包的，甚至要在自己的家中完成，其特点是受到严格的控制和约束。因此，这些人的工作既是工厂空间激增的标志，也是数字资本主义下许多场所功能持续的标志。

内容审核工作是平台努力成为日常生活关键基础设施的重要组成部分，尤其是对脸书和谷歌而言。许多平台的战略核心是将自身融入日常生活，成为不可或缺的基础设施。这种战略视野对脸书和谷歌来说尤为重要，对亚马逊等公司也一样。最后，在剑桥分析公司的丑闻带来持续的负面新闻后，脸书"平台即基础设施"的战略也是其用户基数没有下降的原因之一。[1]尽管存在各种负面新闻，但全球社交网络的用户数量还在持续增加，并且越来越融入人们的日常生活。

---

[1]　Helmond, Nieborg, and van der Vlist, "Facebook's Evolution: Development of a Platform-as-Infrastructure."

结论:

平台即工厂

1916 年，伯利恒钢铁公司（The Bethlehem Steel Company）来到马里兰州的巴尔的摩（Baltimore）。当时该公司已成为美国最重要的钢铁和造船业公司。它在巴尔的摩东南某半岛上的麻雀角（Sparrows Point）购买了钢铁厂和房产，还在附近购置了农田，开始为自己的工人修建城镇，并以爱尔兰的邓多克（Dundalk）为其命名。在接下来的几十年间，邓多克吸引了许多外来民工前往工厂就业，截至 20 世纪 60 年代已经成长为一座人口逾 10 万人的城镇。[1] 此时的伯利恒钢铁厂正处在实力的巅峰，是世界上最大的钢铁生产商和造船公司之一。到了20 世纪中叶，公司雇用了数十万名工人，为金门大桥打造钢结构部件，在第二次世界大战最激烈的时期，每天能生产一艘船，一个多世纪以来一直是伯利恒小城的核心。[2] 随着时间的推移，原来的工厂逐渐被全国各地的其他工厂取代，比如巴尔的摩综合工厂在鼎盛时期曾雇用过 3 万名工人。

弗雷德里克·W. 泰勒（Frederick W. Taylor）为伯利恒钢铁公司的成功做出了关键贡献。这位科学管理之父于 1898 年加入伯利恒钢铁公司，工作内容是解决公司的机器容量问题。

---

[1] Rudacille, "In Baltimore, Visions of Life after Steel."
[2] Loomis, "The Sinking of Bethlehem Steel."

当时泰勒已经是家喻户晓的人物。他的合理化战略和管理技术引起了工厂所有者和管理者的广泛兴趣，他通过对工人和劳动过程的精确研究而推动合理化生产的努力也得到了广泛关注。伯利恒钢铁公司成为泰勒最重要的研究对象和最重要的著作的例证背景。《科学管理》（*Scientific Management*）一书的核心部分是"被我们称为施密特的男人"的故事。在这本书中，泰勒以伯利恒钢铁公司生铁处理工人为例，描述了他以各种形式的训练和激励技巧进行的实验。[1] 这是泰勒管理理论发展的重要一步，其基础是在劳动过程中对信息进行系统性收集，管理层垄断相关信息，并严格控制工人的每一个行动。计划与执行的分离，任务的分解与标准化以及对工人的精确监督，不仅对工作流程的合理化至关重要，而且还被视为系统性打破工人抵抗的尝试。

科学管理或泰勒主义经常被描述为泰勒在伯利恒和其他生产机构工作的产物。相反，有人可能会说，这只不过是给美国和欧洲各地已经发生的某种发展趋势起了一个名字。泰勒采用的管理技术只能在技术发展、劳动分工日益明确、生产过程进一步社会化的背景下才能产生。泰勒主义在多大程度上是泰勒天赋的产物，还是说它只是更广泛的社会技术发

---

[1] Taylor, *The Principles of Scientific Management*, 41.

展的结果，这一点仍不得而知。[1] 无论如何，泰勒和伯利恒钢铁公司的名字如今都标志着工厂制造业发展的一个关键步骤。它将劳动力纳入资本之下，使工厂进入了社会的中心。

如今，伯利恒钢铁公司已成历史。在经历了漫长的衰落之后，该公司于 21 世纪初破产，是美国工业生产消亡最显著的标志之一。伯利恒主厂区的 5 座巨型高炉曾是北美工业制造业实力的象征，如今却成了娱乐区的背景。巴尔的摩东南的麻雀角也发生了巨大变化，现在是一座物流中心。伯利恒邓多克工厂的厂址已经被一种新型的工厂占据：亚马逊配送中心。

从伯利恒到亚马逊：泰勒主义，古往今来

街对面的另一座亚马逊仓库坐落在曾经的通用汽车工厂所在地，是一次具有类似象征意义的后工业时代收购。亚马逊在巴尔的摩的两座仓库共有 4500 名工人，他们创造的收入是其加入工会的前辈们的一半。然而，在一座受到后工业时代高失业率冲击的城市里，这样的工资仍旧高于行业平均水平。许多只能在亚马逊配送中心从事兼职工作的工人必须依靠城市发

[1] Freeman, *Behemoth*, 107.

放的食品券才能过活。[1] 和世界上其他地方的亚马逊订单履行中心一样，巴尔的摩配送中心的工人也要受到严格的劳动制度约束。和泰勒在伯利恒钢铁公司进行的实验相比，这种劳动制度有了相当大的进步，但其逻辑和原则清楚地表明了它的传统。

在如今的亚马逊，劳动的组织、计量与控制越来越多地依靠数字技术。这些软件构架力求对所有相关流程进行整合，尽可能多地提取数据，以提高人与货物在时间与空间中的移动效率。因此，软件对物流活劳动力的组织具有至关重要的意义。亚马逊在巴尔的摩等地的配送中心已经被软件占据。每一名工人的生产效率都会被自动计算，并与其他人进行比较。那些无法达到配额的人会遭到解雇。一些在劳动冲突背景下公开的文件显示，一年内，亚马逊在巴尔的摩的新配送中心就因生产效率低下解雇了至少 300 名工人。据名为"边缘"（The Verge）的博客所说，亚马逊的算法系统会追踪、计算每名工人的生产效率，遇到低于标准的便自动生成警告，甚至终止合同。[2] 从某种意义上来说，劳动过程的数字化监测满足了科学管理的愿望，其对劳动主体的精确研究被称为"数据采掘的

---

① 根据《纽约时报》关于亚马逊巴尔的摩配送中心的一篇报道（参见 Shane, "Prime Mover"）。

② *Verge* 获得的一份文件，参见 Lecher, "How Amazon Automatically Tracks and Fires Warehouse Workers."

先驱"。[1]

在本书中，我用"数字泰勒主义"这个术语来概念化整个劳动领域的相关发展，包括标准化、过程分解、降低技术要求、自动管理和人类运算、算法合作、数字测量以及劳动监督。本书中各个章节的研究场所都发现了这些新兴的工作趋势要素的不同变化和组合。在我的理解中，"数字泰勒主义"这个名词形容的不是 20 世纪科学管理的简单重生或延续，而是被用来概念化数字技术如何在新的形式和环境下调动、更新和重组泰勒主义。举个例子，二者的众多区别之一是管理的临时性。泰勒、弗兰克和莉莉安·吉尔布雷斯等人在研究和改进生产过程时来回往复，但数字资本主义的愿景是一种致力于实时控制、反馈和校正的体系。在这个意义上，基于传感器、网络设备和集成软件构架的算法管理越来越重要，可以被理解为一种基于实时管理和问题纠正的网络泰勒主义。[2] 不仅如此，网络设备、传感器和应用程序已经将泰勒的时间和运动研究转移到了工厂和配送中心的封闭空间以外，放到了物流城市的都市空间之中。亚马逊 Flex 或 UPS 司机、快递骑手以及其他"最后一英里"的从业者也越来越多地受到软件的管理和监督。因

---

① Pias, "Computer Spiel Welten."
② Raffetseder, Schaupp, and Staab, "Kybernetik und Kontrolle. Algorithmische Arbeitssteuerung und Betriebliche Herrschaft."

此，数字泰勒主义不再局限于工厂的构架约束。事实上，如今的数字工厂本身可以采取许多不同的形式。

亚马逊配送中心的员工、Flex 快递的司机、亚马逊土耳其机器人的众包工人以及脸书的内容审核员、谷歌的搜索引擎评估员、本书前言中提到的书籍扫描员——这些都是当今数字工厂的工人。"数字工厂"是本书的核心概念，旨在阐明当前由数字技术驱动的劳动转型中一种特殊的趋势。当代资本主义需要一种理论化的工具，不是通过工厂的终结，而是通过其转型、倍增与泛化来实现。书中各个章节关注的是数字技术产生劳动制度的地方。劳动制度的特点更多是重复、分解和控制，而非创造性和自主性。这些劳动形式是数字技术塑造的，其方式通常不以当代数字资本主义常规理论中的非物质、创造性或认知劳动为基础。因此，本书试图将注意力转移到此类讨论中出现频率较低的劳动场所，以便更全面地展现社会合作以及数字条件下劳动的分工与倍增。

目前，数字技术允许在封闭的工厂空间外对劳动过程进行严密的组织、控制与测量。数字工厂的形式各不相同。它可能是亚马逊在巴尔的摩的配送中心，也有可能是将全球数十万居家工人组织起来的众包工作平台。数字工厂的概念并不意味着否认这些场所之间的差异。虽然这些场所拥有惊人的共同特征，使数字泰勒主义的框架变得有意义，但这一理论并没有消除它们之间的关键差异。

不仅如此，数字技术不仅让科学管理在特殊情况下得以实现，还在不同的地方产生了截然不同的劳动制度。必须强调的是，数字技术给劳动世界带来的影响是全方位的，很难用单一的公式来描述，因为它是以不同的形式展现出来的。在探讨劳动的数字转型问题时，我在本书中采取了双重防御措施：首先，我并没有将一种劳动制度看作是数字资本主义劳动唯一的或主要的表达方式。相反，我强调了几种截然不同的劳动制度之间的相互作用，认为它们对资本主义总体而言都很重要，尤其是对其现代变体而言。数字资本主义是当代工作世界中的一种重要趋势，但它是和其他表现出不同特征的劳动制度共存的——而且必须共存。其次，我会谨慎地避免宣称当代劳动制度的绝对新颖性，反而力图在其中寻找早期劳动制度的延续、重复和重构。

平台即工厂

亚马逊已经融入了巴尔的摩等城市的生活。它能为私营企业和公共机构提供云计算服务，还有食品店、储物柜遍布城市各处。它的在线平台改变了当地商业的游戏规则，使它们如今都要通过亚马逊平台和交付网络销售产品。这种交付网络由许多不同的部分组成，其中包括在巴尔的摩、华盛顿国际机场停靠的亚马逊 Prime Air 喷气式飞机，还有通过亚马逊 Flex 项目驾车交付包裹的零工工人。与此同时，亚马逊 Prime Video 制作的电影和电视剧旨在进一步加强客户与平台之间的联系；亚马逊还要进军医疗服务和家庭自动化领域。这些公司已成为当代城市众多不同领域内的组成因素，展现了当代平台城市化的兴起——亚马逊和优步、爱彼迎（Airbnb）等平台都在努力成为重要的城市基础设施。①

亚马逊的目标显然是成为日常生活中不可替代的基础设施。这一特点将亚马逊与脸书等在不同领域内运作的公司结合在了一起。在成为基础设施的过程中，不同平台的策略各不相同，但又有着相似之处。其目标始终是占据垄断地位，从本质上来说具有扩张性。德国社会学家菲利普·斯塔布（Philipp Staab）认为，数字资本主义的关键特征在于，像亚马逊这样的公司不仅要成为市场中的主导力量，还要成为市场本身。它们的目标是创造新型的"自营市场"，由拥有市场的大型企业来决定交换规则。② 亚马逊的电子商务平台就是一个很好的例子。这个例子也表明，该战略在很大程度上依赖配送中心、服务器园区和货运飞机之类的实际载体。尽管公司更愿意把自己打造成依靠算法和少数硅谷天才程序员经营的技术型企业，但亚马逊、谷歌和脸书之类的平台全都要依赖广泛的物质基础设

---

① Barns, *Platform Urbanism*; Sadowski, "Cyberspace and Cityscapes."
② Staab, *Digitaler Kapitalismus*.

施和多样化的劳动力。这一点在本书针对不同场所的调查中是非常清晰的。

这些劳动力中的很大一部分是在灵活且视情况而定的安排下就业的。数字工厂的一个新特点是能将劳动过程的紧密组织与合同的灵活性或按需而定的劳动形式相结合。事实上，本书的各个章节都展示了算法管理和数字控制手段在各种情况下如何允许灵活劳动力的大量存在。反过来，这些劳动力正变得更加异质化。纵观数字工厂的不同实例，我们会发现，劳动过程的标准化可以通过多种方式驱动、参与或受益于活劳动力的异质性。这种劳动力的倍增在许多场所中都显而易见。例如，在亚马逊的库房中，各种标准化技术和算法管理减少了培训时间，增加了控制的可能性，从而为招聘劳动力提供了灵活的短期解决方案，以满足供应链中的突发情况。季节性劳动、短期合同和外包劳动是亚马逊配送中心劳动制度的重要组成部分。

然而，数字平台也许正以最激进的方式实现这些逻辑。如果你跟随包裹离开亚马逊配送中心，踏上它们被送往客户手中的"最后一英里"旅程，就会明显看到平台劳动力的出现。在不断扩张的按需逻辑背景下，交付的"最后一英里"物流流程逐渐变得越来越重要，人们对速度、灵活性和效率的要求也在提高。在这一点上，基于应用程序的劳动形式尤其普遍，让物流运营的"最后一英里"成为零工经济的前沿。亚马逊

Flex 这样的交付项目在城市物流和移动领域内变得越来越重
要，这并非巧合。对灵活且可以扩展的劳动力资源的需求推动
了 Flex、优步和户户送等平台的兴起，增加了平台工作在城市
物流及其他领域的影响力。

如今，平台劳动力正在进入前所未有的新领域。从优步
之类的出租车服务，到户户送等交付和快递服务，从安排清洁
服务的 Helping 网站，到亚马逊土耳其机器人等各类数字工作
平台——几乎没有哪个社会劳动分工和日常生活领域中没有数
字平台在发挥作用。[①] 数字平台上基于应用程序的工作一方面
具有通过算法组织、指导和监督劳动过程的特点，另一方面又
具备灵活的合同形式。在许多方面，当代典型的数字工厂就是
一种平台。

这些通过平台送餐、打扫公寓、驾驶出租车的工人与网
络众包工作平台上的同行们拥有很多共同点。他们还提供了一
种更加灵活、调控自如的按需劳动力——用亚马逊杰夫·贝佐
斯的话来说，就是"人即服务"。其与"软件即服务"的类比
并非偶然。众包劳动力通常隐藏在算法结构的背后，以一种允
许其插入复杂软件构架的方式进行组织，而工人之间的合作是
通过算法自动组织任务的分解和重组来实现的。众包工作平台
是数字工厂的另一种变体，其数字分解、自动化劳动管理和监

───────────────

① Woodcock and Graham, *The Gig Economy*.

督形式允许吸纳高度异质化的工人，不需要在空间和主观上将他们同化。

这些基础设施开启了以前很难或不可能触及的新劳动力资源库，使数字工厂的劳动力进一步多样化。在众包工作平台上，与印度软件工程师一起工作的可能是失业的摩洛哥青年、北美的前罪犯、德国的单身母亲、苦苦挣扎的西班牙自由职业者和年轻的菲律宾大学毕业生。其中有些人是希望从事 IT 行业，更多人则是需要额外的工作收入，还有少数人只是为了好玩儿。众包工作在发展中国家新数字劳动力资源的基础设施中发挥着重要作用，并且与性别分工的数字重构有关。基于计算机的居家工作允许从事护理和家务工作的人（通常以女性为主）成为数字劳动力。在这一点上，数字技术显然是一场深刻变革的重要组成部分。这场变革不仅改变了劳动过程，开启了控制劳动力的新方式，也深刻重组了社会和全球的劳动分工。

不过，如何保证平台劳动力的效率不仅仅是数字技术的问题，也是灵活合同和计件工资形式的问题。计件工资比计时工资更容易，可以取代劳动的直接控制形式，因为劳动的速度与强度和工资直接挂钩。这样，劳动剥削所固有的一部分冲突就转移到了个体工人身上。这在某种程度上是基于任务的标准化，通常以工人的自动化管理系统（比如以"声誉"为基础，也就是老客户满意度的数字评测）作为管理劳动力的工具。由于计件工资的数字化复兴而变得不稳定的时间，是劳动灵活化和集约化的重要组成部分。

虽然数字技术拓展了这种安排，但更重要的是考虑灵活就业形式的长期发展。例如，计件工资拥有悠久的历史，泰勒在伯利恒钢铁公司尝试提高生产力时就使用过它。平台劳动力并不是一种孤立的、完全新颖的事物，反而应该被置于其他形式的临时劳动背景下来看待。零工经济中各种典型劳动关系的兴起不能被简单地理解为技术破坏的结果，而是必须被放在更广阔的数字化发展趋势中。在高度多样化的背景下，劳动关系和流动中展现出了极大的灵活性与不稳定性。物流可以作为这种灵活多变、非正式合同安排的范例，从而从历史的角度来讨论当前的零工经济。计件工资、按日计酬的临时工和非正式工人的历史早在数字技术出现之前就开始了。因此，有必要将目前的平台工作（比如临时工作和代理工作）以及女性居家工作、从事按日计酬的临时工等从历史的角度予以考虑——这些工作目前正在平台的推动下经历数字化回归。

上述形式的临时工作在历史上总是性别化的，由移民和流动劳动力完成的比例过高。因此，如今各零工经济平台上的工人大多是外来民工，这绝非巧合。外来民工和种族化的工人是数字工厂按需劳动力的关键组成部分。在整个零工经济和其他领域，数字技术组织的劳动形式以各种方式与流动劳动力相结合，导致全球各大城市都拥有大量的外来平台民工。包括灵活性、不稳定性、薪酬和语言在内，各种因素都决定了平台工作如何以特定的方式融入等级分化的劳动力市场，与不同的移民路径和项目挂钩，在其他工作岗位的等待期内架起桥梁，或补充其他工作和就业形式。数字工厂的劳动力是灵活且高度流动的。

流动的劳动力，灵活的边界，分散式的斗争

工作地理分布及其在数字基础设施背景下的重构是本书研究劳动力转移的另一个重要问题。全球空间的重新排序不仅要依赖物流运作和数字基础设施，还要依赖工人本身的流动性。这是数字时代全球阶级重构的一个核心因素。如今，有上亿人被归类为外来民工，他们的流动性影响了全球资本主义的过去和现在。

纵观当今各种形式的劳动力流动，从高薪程序员到无证农民工，从外来务工的平台工人到虚拟移民，劳动力流动的重要性不容低估。虽然全球经济的各个领域都是以剥削外来民工为基础的，但应对劳动力的流动性仍然是一种挑战。"移民的自主权"与旨在阻止和引导人类流动的差异化的暴力工具一样重要。[1] 其中一些控制手段的运作会产生一系列特殊的外来民

---

[1]　Bojadžijev and Karakayali, "Autonomie der Migration"; Mezzadra, "The Gaze of Autonomy."

工身份，从无证劳动力到各种形式的签证和许可证，反过来又产生了新的形式，通过精确地利用不同身份的外来民工队伍来实现。这是资本积累的生产力和战略角色的一部分。这种作用本身是不完整的，而且始终存在很大争议。首先是外来民工本身：无论是在现实边界内的斗争，还是在全球劳动冲突中发挥的作用。[①]

数字基础设施及其空间重构也与外来民工数量的倍增有关。在当代，用桑德罗·梅扎德拉和布雷特·尼尔森的话来说，我们倾向于寻找与"内含差异"的多种地理位置相关的虚拟、时间和部分迁移形式，而不是排斥与包容的二元划分。[②]在这种迁移的多样性中，金农的形象就是一种变体。他们也许会在国内迁移至城市地区，同时也是《魔兽世界》西方服务器上的虚拟移民。这个例子展示了数字基础设施和网络设备重构经济和劳动力地理分布、创造空间群体的另一种方式。数字技术是（经济）空间不断重组和重构的一部分，创造了新的联系和临近性，以及新的碎片和边界。打金的地下经济之所以能够存在，既是因为在任何地方都能打开游戏页面，也是因为游戏参与者不平等的地位。在线角色扮演游戏的数字空间开辟了新

---

① Mezzadra and Neilson, *The Politics of Operations*; Altenried et al., "Logistical Borderscapes."

② Ibid, 159.

的劳动力联系、经济和地理分布，却没有产生顺畅的全球交流空间。参与这种经济与本地空间密切相关，同时也改变了这些空间的位置。

《魔兽世界》等网络游戏正是这种连接和边界同时扩展的例子。在西方玩家占据的服务器中，委内瑞拉的数字工人成了虚拟移民，其劳动被深度种族化——这只是虚拟移民和他们的线下同行众多的相似点之一。虚拟迁移的新经历和地理位置的变化不仅取决于基础设施，教育、语言和文化等因素也与潜在的工人密切相关。这些因素使菲律宾成为数字社交媒体内容审核的全球中心。其殖民与后殖民时代的历史造就了一支会讲英语、信奉天主教、精通北美文化的劳动大军，因而完全有资格为西方社交媒体进行内容审核。他们的工作展现了虚拟移民的情感维度。

"虚拟移民"（Virtual Migration）一词是一种概念上的挑衅，为移民研究开辟了新的探索之路，使"迁移"的定义从人们在物理意义上跨越边境的流动变得复杂化。如何从概念和法律上理解这些新的数字流动性，同时还要涉及生活经验和主体性，或种族主义的重构？数字技术产生、构建并形成了当今流动性实践的一部分，尤其是在移动工作领域，因此有必要重新评估迁移的基本概念和理论。[1]

---

[1] Bojadžijev, "Migration und Digitalisierung."

| 结论 |
平台即工厂

　　和外来民工一样，影响全球数字工厂的众多斗争也是数字工厂的特征。在美国，一群索马里（Somali）的打工者在美国领土上发动了亚马逊配送中心的第一次罢工：2018 年圣诞节期间，明尼阿波利斯 – 圣保罗（Minneapolis–Saint Paul）机场附近的一家配送中心发生的罢工行动，可能是亚马逊在美国本土遭遇的第一次有组织的罢工。罢工的组织方名叫"Awood Center"，口号为"建立东非工人力量"。这是第一个在美国亚马逊组织罢工的民工联盟，他们也是第一个迫使管理层进行谈判、并取得了些许成功的组织。[①] 从意大利北部物流仓库的罢工与冲突，到优步司机和巴黎户户送骑手的抗议与行动，再到欧唯特柏林办事处的内容审核员抗议难以忍受的工作条件，数字工厂中的斗争往往都是由外来民工发起的。这样的趋势十分显著，因为这些劳动力往往身处格外脆弱的环境之中，不仅合同不稳定，还经常居无定所，特别容易受到雇主的报复。

　　总体来说，数字工厂的内部斗争和反对它的斗争看上去截然不同，从不言而喻的拒绝姿态到全面罢工，形式多种多样。阶级的异质性和碎片化导致了斗争的多样性和碎片化，这一点儿也不奇怪。随着大型产业工厂的"终结"，政治确定性也随着明确的对立主体消失了。为此，人们投入了大量政治上和理论上的努力，来重新思考和重构这一主题。劳动力在各个

---

① Bruder, "Meet the Immigrants Who Took On Amazon."

方面的多元化也对理论研究和组织形式提出了挑战。这通常指向标准就业的规范模式。此外，工会正越来越多地涉及跨国生产，其特点是法律法规和管辖责任的不明确。各大工会通常很难接受各种自由职业模式的扩张，也难以开发出足够的斗争工具，但近些年来他们在这方面付出了很多努力。在某些情况下，从意大利北部的物流仓库，到户户送、Foodora 和其他平台交付司机的各种罢工与抗议，小型基层工会能够更好地适应新的条件，因为他们的行动往往没有那么多的限制，更具创新性。

在许多情况下，数字工厂的空间扩展是集体斗争发展的另一个明显障碍。以众包工作为例，数万名工人在为同一家工厂工作的同时，又在空间上彼此分离。在一座工厂的同一片屋檐下工作或多或少能够自动产生的集体形式，在数字工厂的环境下就必须去积极创造，正如许多平台的例子所体现的那样。这不仅是工人分布在不同大陆上的问题，也是同一平台，甚至是执行同一任务的工人工作条件大相径庭的问题。合同的灵活性和各种形式的外包、临时或不稳定的工作安排，显然是导致劳动人口碎片化的另一个因素——这些安排在许多情况下明显是为了平息劳资纠纷。亚马逊配送中心就是战略性使用应急劳动力的一个例子，但这也表明，困难的条件是可以克服的，而且抵抗是有可能存在多种形式的。

斗争成功的关键之一是开发新的数字组织工具。可以说，拥有分散的独立承包商劳动力的众包工作平台再一次完美地应对了这项挑战。尽管存在这些极其困难的情况，但如何有效地围绕众包工作平台进行组织，显然已经成了一项实验主题。这方面的尝试通常基于在线论坛和在线网络的其他形式，除了各种形式的平台合作，还产生了从投书运动到 Turkopticon 等积极分子开发的插件技术、集体诉讼等行动。①

在这些斗争中，数字技术已经成为一个关键的赌注。这一赌注的出现，不仅是因为数字技术带来了新的监控或规范化形式：数字技术在如今的劳资冲突中最有力的方式之一就是唤起自动化的幽灵。喜欢在劳动冲突期间传播自动化进展相关信息的公司不止亚马逊一家。他们会利用等待接替罢工工人或效率低下者的机器人，作为约束活劳动力的有力工具。在美国推行 15 美元最低工资的活动中，洛杉矶曾出现一块巨型广告牌，上面写着"看看你们最低工资的替代者"，画面中的苹果平板电脑正在准备接受一名顾客的订单。广告牌上还写道："凭借 15 美元的最低工资，雇员可以被成本更低的自动化替代品取代。"与之相似，《华尔街日报》也曾在 2017 年发表评论，提出《最低工资法案》(*Minimum Wage Act*) 应该被称为《机器人就业法》(*Robot Employment Act*)，辩称"15 美元的时薪无

---

① Scholz and Schneider, *Ours to Hack and to Own*; Silberman and Irani, "Operating an Employer Reputation System."

法帮助贫穷的年轻人，却能帮助新型烤汉堡机 Flippy"。[1]

这场"为 15 美元而战"的运动很大程度上是由快餐工人发起的，自此之后在许多州和地方都取得了成功。例如，从 2016 年起，加利福尼亚州的最低工资就分阶段地提高到了 2022 年的 15 美元门槛水平。与此同时，快餐行业的就业情况持续衰落，使该行业面临劳动力短缺的情况。《华尔街日报》评论中提到的烤汉堡机 Flippy 的确进入过卡利堡的几家连锁餐厅，成了一件招揽顾客的产品。Flippy 是一只连着铲子的机械手臂，利用机器视觉和热传感器来决定什么时候需要翻转肉饼。然而，除了这些能力，它仍然需要人类同事提供许多协助：他们需要把肉饼放在烤架上，加入芝士和其他配料，然后将其打包交给客户。[2]

走向劳动的终结

当今世界仍旧是一个劳动的世界。地球上的绝大多数人

---

[1] 《华尔街日报》评论文章（参见 Puzder, "The Minimum Wage Should Be Called the Robot Employment Act"）。

[2] 根据 Scott Neuman, "'Flippy' the Fast Food Robot (Sort Of) Mans the Grill at CaliBurger," NPR, March 5, 2018, https://www.npr.org /sections./thetwo-way/2018/03/05/590884388/flippy-the-fast-food-robot-sort-of-mans-the-grill-at-caliburger.

还会继续把醒着的大量时间用于工作。从各个方面来看，工作仍旧是构成社会、形成社会阶层的重要因素。尽管数字驱动自动化方面取得了进展，也存在各种猜测，但这一事实似乎不太可能改变。传统工厂和今天的数字工厂都与自动化过程有着模糊的复杂关系。"从工业化开始，工厂的历史就与自动化的愿望联系在一起。这个愿望的最终目标是实现一座无人工厂。"工厂历史学家卡斯腾·乌尔（Karsten Uhl）写道，并补充称："但这种思维方式的特点是，从第一台自动化纺纱机，到泰勒主义，再到数字控制……第二次世界大战后出现的机器表明，创新带来的自动化的可能性被高估了"[1]。

显然，数字技术是新的自动化核心。它已经产生了深远的影响，并会在未来改变和取代更多的工作。但同样清楚的是，人们可以把当前关于机器人和人工智能会取代工作岗位的炒作拿来与至少始于 19 世纪的自动化论述进行对比。查尔斯·巴贝奇（Charles Babbage）和安德鲁·尤尔（Andrew Ure）等作家对全面自动化工厂的展望影响了马克思和其他同时代的人。正如亚伦·贝纳诺夫（Aaron Benanav）在《自动化与工作的未来》（*Automation and the Future of Work*）一书中指出的那样，20 世纪 30 年代、50 年代、80 年代以及近些年来，认为

---

[1]　Uhl, "Work Spaces."

人类劳动即将终结的观点会周期性地出现。[①] 有关自动化的话题每一次出现小范围的热议，都与自动化取代工作岗位、让工人变得多余的讨论有关。但每一波自动化浪潮过后，都会有比以往更多的人进入雇佣劳动领域。

早期的自动化浪潮没有消灭数以百万计的工作岗位这一事实，并不意味着它这一次也会以同样的方式进行。尤其是在目前的情况下，全球劳动力供应过剩已经成为自动化进程中的一个特点。尽管如此，我们仍有理由对劳动的终结持怀疑态度。正如贝纳诺夫令人信服地指出，当前全球就业不足的现象可能更多地是因为经济增长放缓、生产率下降，而不是数字技术导致的生产率跃升。[②] 与此同时，自动化技术的广泛应用不仅是一个技术发展的问题，而且也是一个经济计算的问题，因此始终存在于与人类劳动力的价格竞争中。此外，数字技术可以使许多任务自动化，但同时也会产生需要人力的新任务和新问题。国家和行业给出的自动化预测数据及百分比有助于相关新闻冲上媒体头条，但充其量只是粗略的估算。本书在很大程度上避开了关于未来自动化可能性的争论，而是探讨已经存在的自动化形式，或者更确切地说，是当前技术与活劳动力之间不断变化的关系。这样的观点无须对数字自动化给就业市场带

---

① Benanav, *Automation and the Future of Work*.

② Benanav.

来的影响进行预测，却可以对这种线性的、明确的预测和模型提出经验和理论上的怀疑。

在本书调查的不同场所，数字技术的影响和力量以及人力的持续性都是显而易见的。在这一点上，亚马逊配送中心就是一个很好的例证：近些年来，亚马逊为配送中心引进了成千上万的机器人，执行自动挪移货架的任务。与此同时，公司还雇用了更多的工人与这些机器协同作业。众包工人可以训练机器学习应用软件，内容审核员会为社交媒体删除不需要的内容——这些令人厌烦的工作为我们提供了更多的例子，证明了当前自动化的局限性以及自动化背后对劳动力的需求。上述两个职业也是隐藏在所谓的算法背后的劳动力典范。各个领域都有大量的例子表明，表面呈现为自动化的流程或人工智能应用程序背后，都有人类工人在训练软件、评估其工作、解决困难问题，或者实际上只有人类在劳动，只不过完全被算法应用程序所掩盖。虽然机器学习算法的能力和复杂的机器人有许多令人惊叹的地方，但也有一些生动的例子表明算法有可能误解最简单的指令，让机器人领域遭遇严重挫折。这说明，即便是在一些被人认为很容易实现自动化的领域里，数字驱动的自动化在很长一段时间内也无法取代人类劳动。在撰写本文时，算法管理的崛起、劳动控制与测量的新形式、数字技术带来的新的劳动地理分布、新的性别与种族化分工、新的社会两极分化以及偶然且灵活的劳动力带来的影响，远比因为机器人而失去工作带来的影响大。

自动化问题仍旧是一个重要的议题，因为它能迫使我们思考未来。在许多情况下，不仅是工会，许多形式的劳工运动都致力于保护劳动力不受自动化和新技术的影响。失业往往会带来灾难性的后果，这颇有道理。但从长远来看，这是社会形态中最荒谬的事情之一：技术可以代替劳动力的事实会被视为一种威胁，尤其是对那些从事最艰苦的工作、工作时间最长、条件最不稳定、工资最低的人来说。

这引发了与自动化相关的社会问题，并表明不同的人会对未来提出不同的展望。这也是一个动摇福特主义怀旧情绪的问题，表现为对阶级妥协回归的渴望。这样的妥协从一开始就不是特别具有包容性，因为其社会和经济条件已经消失。强化为了公共利益实现自动化愿景的一系列问题，在很大程度上属于政治权力的问题，也指出了如何处理技术的问题。纵观全书，各种算法结构似乎主要是一种组织和控制劳动力的手段，是作为加速流通、增加生产力的技术而出现的。技术是物化的社会劳动，是使其存在的社会关系的产物。因此，许多当代技术的设计首先是为了使别人的劳动——不管是个体工人的劳动，还是更广泛的社会劳动——得到适当的利用和私有化。但这并不意味着，它必须保持这种方式。

后记:
具有传染力的工厂

创作一本关于全球资本主义数字化转型的书，有时感觉是一项不可能完成的任务。仅仅是这一领域的变化速度，似乎就不符合出版一本书的漫长过程。本书调查的所有场所都处于动态转型之中，而且在我调查时还在不停地变化着。创作这样一本书，始终要冒着有些东西可能会在书籍出版时发生改变的风险。有时你会嫉妒调查历史事件的历史学家。2020 年，这些风险和感受被彻底放大。就在大部分书稿完成后的几个星期，新冠病毒感染传遍全球，并席卷了我的家乡柏林。在我写下这段文字的 2020 年年末，第二波病毒传播正在世界的许多地方涌现。德国政府下令实施第二次封锁。当时很难判断疫情何时会有所缓解。与此同时，似乎十分清楚的是，产生这种病毒的环境及其带来的全球影响会在将来引发更多的类似事件。许多人将 20 世纪称为"人类世"（Anthropocene），更恰当地说是"资本世"（Capitalocene），全球环境和气候发生了极大的改变（工厂在这一变化中发挥了不小的作用）。[①] 多方面的生态破坏影响着当前的疫情，似乎注定还会在未来导致灾难。抛开关于未来的所有不确定性，新冠病毒感染显然已经深刻地

---

① Moore, *Anthropocene or Capitalocene? and Capitalism in the Web of Life*; Wallace, *Dead Epidemiologists*.

改变了我们的社会，并将在未来带来持久的改变，虽然我们目前尚不清楚这些变化将如何发生。

从疫情的角度来反观这本书，你会感觉书中的内容和结论似乎并没有受到这一事件的强烈影响。恰恰相反，我描述的许多过程都因这场流行病而加速。举个例子，亚马逊就是这场危机的最大受益者之一。公司的仓库和"最后一英里"服务雇用了成千上万名工人，以满足全球各地日益增长的对将商品安全交付至客户家中的需求。自这场疫情暴发以来，亚马逊公司的股价和杰夫·贝佐斯的财富都在上涨。从许多方面来看，平台在当下的危机中成了焦点。在中国，新冠病毒感染导致食品外卖和其他为隔离客户送货上门的平台迅速发展。在巴黎和米兰第一次城市封锁期间，外卖平台的骑手似乎是空荡荡的街头唯一出现的身影。这场疫情从许多方面表明，平台在一定程度上已经成为日常生活的基础设施。这种发展往往与公共基础设施的缺失同时发生——这是新冠病毒感染过后另一个明显的迹象。

外卖平台的骑手、亚马逊配送中心的工人和更多所谓的"一线"工人在危机中承担起了重要的社会职能，因而往往面临着特定的风险。在新冠病毒感染的前几个月，成千上万的仓库工人感染了病毒，世界各地的零工工人（通常为外来民工）面临着工作不稳定、缺乏保障的问题，例如在公司关闭、封禁或自己生病期间没有收入。尽管害怕感染病毒，许多人还在继续工作。"我不能自我隔离，因为工作对我来说不是一种选择"，玛利亚·米切尔（Mariah Mitchell）说。她在纽约的Lyft 和优食（Uber Eats）等多个平台工作，还参与了争取改善零工经济工作条件的运动。疫情初期，她在《纽约时报》上发表了一篇非常感人的文章，解释称："如果我挣不到足够的钱，接下来的六个星期内就无法供养我的子女。我不会停下来，永远不会，不管会不会发烧。其他大多数零工工人也会这样做，因为我们谁也赚不到足以应对这种紧急情况的存款。"[1]自我隔离和居家办公是许多人负担不起的奢侈选择。

那些被雇主送回家办公的人遭遇了平台工人大军。对后者来说，居家工作早已成为现实：他们一直都在家里的厨房、卧室中从事在线劳动平台的工作。众包工作平台也许是新冠病毒感染中的另一个赢家。按需远程工作的逻辑可能会进一步扩散。同样不难理解的是，在线游戏可能是两种人的避难所：一种是想从被病毒扰乱的世界中分散注意力的人，另一种是意图寻找收入的大批新失业者。[2]

2020 年 3 月，脸书让大多数员工回家时，许多平台使用者都抱怨自己无害的帖子被标记为"垃圾"或"危险内容"，

---

[1] Mitchell, "I Deliver Your Food"；另参见 Altenried, Bojadžijev, and Wallis, "Platform Im/mobilities"; Altenried, Niebler, and Wallis, "On-Demand. Prekär. Systemrelevant."

[2] Dyer-Witheford and De Peuter, "Postscript."

被平台删除，而不少充满恶意的内容反而留在了平台上。出现这些错误的原因非常简单：由于成千上万的脸书内容审核员离开了办公室（出于隐私考虑，他们绝大多数人无法居家办公），所以平台试图用自动化系统来替代这些工人。许多用户的经历，以及脸书承包商埃森哲于 2020 年 10 月要求内容审核员在病毒爆发期间返回办公室的事实再一次表明，许多问题仍旧无法由人工智能来解决。埃森哲公司的分包工人对强制返回办公室工作充满担忧，要求为自己承担的风险领取更高的薪酬。其他平台的内容审核员也返回了办公室，但脸书和其他公司的正式员工则享受着延长的（往往十分漫长的）远程办公。①

　　和内容审核一样，这场危机既表明人类劳动的持续重要性，也表明自动化为保证疫情期间的不间断生产所付出的努力。危机也许的确是努力实现自动化的起点，并为全球经济产生更多的变革奠定了基础。虽然这些努力将来肯定会带来好坏参半的结果，但危机已经给当前的劳动带来了巨大的影响。自危机爆发以来，数以百万计的工人失去了自己的工作，加入了失业或未充分就业的行列。2008 年的金融危机催生了我们熟知的零工经济，与之相似，这一次的危机可能进一步扩散并使临时工形式正常化。越来越多的失业工人和非正规工作安排也

---

①　Statt, Newton, and Schiffer, "Facebook Moderators at Accenture Are Being Forced Back to the Office."

给那些或多或少保留了正规职位的工人造成了压力，削弱了他们在雇主面前的地位。在未来的几年中，这样的发展给劳动力带来的问题可能会比自动化造成的失业还要严重。也正是这些危机造成的影响，特别是在医疗体系和公共基础设施崩溃、即将出台进一步紧缩措施的时期，给未来谁将为这场危机付出代价、我们的社会将如何重组所引发的社会冲突提供了框架。

参考文献

Allen, Joe. "The UPS Strike, 20 Years Later." *Jacobin*, August 8, 2017. https://www.jacobinmag.com/2017/08/ups-strike-teamsters-logistics-labor-unions-work.

Altenried, Moritz. "Le container et l'algorithme: La Logistique dans le capital isme global." *Revue Période*, February 11, 2016. http://revueperiode. net/le-container-et-lalgorithme-la-logistique-dans-le-capitalisme-global/.

Altenried, Moritz. "On the Last Mile: Logistical Urbanism and the Transforma tion of Labour." *Work Organisation, Labour & Globalisation* 13, no. 1 (2019): 114–29.

Altenried, Moritz. "The Platform as Factory: Crowdwork and the Hidden Labour behind Artificial Intelligence." *Capital & Class* 44, no. 2 (2020): 145–58.

Altenried, Moritz. "Die Plattform als Fabrik. Crowdwork, Digitaler Taylorismus und die Vervielfältigung der Arbeit." *PROKLA. Zeitschrift für kritische Sozialwissenschaft* 46, no. 2 (2017): 175–92.

Altenried, Moritz, and Manuela Bojadžijev. "Virtual Migration, Racism and the Multiplication of Labour." *Spheres: Journal for Digital Cultures*, June 23, 2017. http://spheres-journal.org /virtual-migration-racism-and-the-multiplication-of-labour/.

Altenried, Moritz, Manuela Bojadžijev, Leif Höflfl er, Sandro Mezzadra, and Mira Wallis. "Logistical Borderscapes: Politics and Mediation of Mobile

Labor in Germany after the 'Summer of Migration.'" *South Atlantic Quarterly* 117, no. 2 (2018): 291–312.

Altenried, Moritz, Manuela Bojadžijev, and Mira Wallis. "Platform Im/mobilities: Migration and the Gig Economy in Times of Covid-19." *Routed: Migration & (Im)Mobility Magazine*, October 2020. https://www. routedmagazine.com /platform-immobilities.

Altenried, Moritz, Valentin Niebler, and Mira Wallis. "On-Demand. Prekär. Systemrelevant." *Der Freitag*, March 25, 2020. https://www.freitag.de/ autoren /der-freitag/on-demand-prekaer-systemrelevant.

Altenried, Moritz, and Mira Wallis. "Zurück in die Zukunft: Digitale Heimarbeit." *Ökologisches Wirtschaften*, April 2018: 24–27.

Andrijasevic, Rutvica, and Devi Sacchetto. "'Disappearing Workers': Foxconn in Europe and the Changing Role of Temporary Work Agencies." *Work, Employment and Society* 31, no. 1 (2017): 54–70.

Aneesh, A. *Virtual Migration: The Programming of Globalization*. Durham, NC: Duke University Press, 2006.

Apicella, Sabrina. *Amazon in Leipzig. Von den Gründen (nicht) zu streiken*. Berlin: Rosa Luxemburg Stiftung, 2016.

Aytes, Ayhan. "Return of the Crowds: Mechanical Turk and Neoliberal States of Exception." In *Digital Labor: The Internet as Playground and Factory*, edited by Trebor Scholz, 79–97. London: Routledge, 2013.

Bajaj, Vikas. "A New Capital of Call Centers." *New York Times*, November 25, 2011. http://www.nytimes.com/2011/11/26/business/ philippines-overtakes-india-as-hub-of-call-centers.html.

Barboza, David. "Boring Game? Hire a Player." *New York Times*,

December 9, 2005. http://www.nytimes.com/2005/12/09/technology/boring-game-hire-a-player.html.

Barns, Sarah. *Platform Urbanism: Negotiating Platform Ecosystems in Connected Cities*. Singapore: Palgrave Macmillan, 2020.

Beerepoot, Niels, Robert Kloosterman, and Bart Lambregts. *The Local Impact of Globalization in South and Southeast Asia*. London: Routledge, 2015.

Benanav, Aaron. *Automation and the Future of Work*. London: Verso, 2020.

Berg, Janine, Marianne Furrer, Ellie Harmon, Uma Rani, and Six Silberman. *Digital Labour Platforms and the Future of Work. Towards Decent Work in the Online World*. Geneva: International Labour Office, 2018.

Berry, David. *The Philosophy of Software: Code and Mediation in the Digital Age*. Basingstoke, UK: Palgrave Macmillan, 2011.

Biggs, Lindy. *The Rational Factory: Architecture, Technology and Work in America's Age of Mass Production*. Baltimore: Johns Hopkins University Press, 1996.

Boewe, Jörn, and Johannes Schulten. *The Long Struggle of the Amazon Employees*. Brussels: Rosa Luxemburg Foundation, 2017.

Bojadžijev, Manuela. "Migration und Digitalisierung. Umrisse eines emergenten Forschungsfeldes." In *Jahrbuch Migration und Gesellschaft 2019/2020*, edited by Hans Karl Peterlini and Jasmin Donlic, 15–28. Bielefeld, Germany: Transcript, 2020.

Bojadžijev, Manuela, and Serhat Karakayali. "Autonomie der Migration: Zehn Thesen zu einer Methode." In *Turbulente Ränder: Neue Perspektiven auf Migration an den Grenzen Europas*, edited by Transit Migration, 203–9. Bielefeld, Germany: Transcript, 2007.

Bonacich, Edna, and Jake B. Wilson. *Getting the Goods: Ports, Labor, and the Logistics Revolution*. Ithaca, NY: Cornell University Press, 2008.

Bratton, Benjamin H. *The Stack: On Software and Sovereignty*. Cambridge, MA: MIT Press, 2016.

Braverman, Haryy. *Labor and Monopoly Capital: The Degradation of Work in the Twentieth Century*. New York: Monthly Review Press, 1998.

Brown, Phillip, Hugh Lauder, and David Ashton. *The Global Auction: The Broken Promises of Education, Jobs, and Incomes*. Oxford: Oxford University Press, 2012.

Bruder, Jessica. "Meet the Immigrants Who Took On Amazon." *Wired*, November 12, 2019. https://www.wired.com/story/meet-the-immigrants-who-took-on-amazon/.

Bruder, Jessica. "These Workers Have a New Demand: Stop Watching Us." *The Nation*, May 27, 2015. https://www.thenation.com/article/these-workers-have-new-demand-stop-watching-us/.

Brunn, Stanley D. *Wal-Mart World: The World's Biggest Corporation in the Global Economy*. New York: Routledge, 2006.

Bulut, Ergin. "Playboring in the Tester Pit: The Convergence of Precarity and the Degradation of Fun in Video Game Testing." *Television & New Media* 16, no. 3 (2015): 240–58.

Burgess, Matt. "Google and Facebook's New Submarine Cable Will Connect LA to Hong Kong." *Wired*, April 6, 2017. http://www.wired.co.uk / article/google-facebook-plcn-internet-cable.

Burnett, Graham D. "Coming Full Circle." *Cabinet*, no. 47 (2012): 73–77.

Butollo, Florian, Thomas Engel, Manfred Füchtenkötter, Robert Koepp, and Mario Ottaiano. "Wie Stabil Ist der Digitale Taylorismus? Störungsbehebung, Prozessverbesserungen und Beschäftigungssystem bei einem Unternehmen des Online-Versandhandels." *AIS-Studien* 11, no. 2 (2018): 143–59.

Caffentzis, George. *In Letters of Blood and Fire: Work, Machines, and the Crisis of Capitalism.* Oakland, CA: PM Press, 2012.

Campbell-Kelly, Martin. *From Airline Reservations to Sonic the Hedgehog: A History of the Software Industry.* Cambridge, MA: MIT Press, 2003.

Chen, Adrian. "The Laborers Who Keep the Dick Pics and Beheadings out of Your Facebook Feed." *Wired*, October 23, 2014. https://www.wired.com/2014 /10/content-moderation/.

Chun, Wendy H. K. *Programmed Visions: Software and Memory.* Cambridge, MA: MIT Press, 2011.

Cowen, Deborah. *The Deadly Life of Logistics: Mapping Violence in Global Trade.* Minneapolis: University of Minnesota Press, 2014.

Crogan, Patrick. *Gameplay Mode: War, Simulation, and Technoculture.* Minneapolis: University of Minnesota Press, 2011.

Cuppini, Niccolò, Mattia Frapporti, and Maurilio Pirone. "Logistics Struggles in the Po Valley Region: Territorial Transformations and Processes of Antagonistic Subjectivation." *South Atlantic Quarterly* 114, no. 1 (2015): 119–34.

Dachwitz, Ingo, and Markus Reuter. "Warum Künstliche Intelligenz Facebooks Moderationsprobleme nicht lösen kann, ohne neue zu schaffen." *Netzpolitik*, May 4, 2019. https://netzpolitik.org/2019/warum-kuenstliche-intelligenz-facebooks-moderationsprobleme-nicht-loesen-kann-ohne-neue-zu-schaffen/.

Dibbell, Julian. "The Chinese Game Room: Play, Productivity, and Computing at Their Limits." *Artifact* 2, no. 2 (2008): 82–87.

Dibbell, Julian. "The Decline and Fall of an Ultra Rich Online Gaming Empire." *Wired*, November 24, 2008. https://www.wired.com/2008/11/ff-ige/.

Dodge, Martin, and Rob Kitchin. "Codes of Life: Identification Codes and the Machine-Readable World." *Environment and Planning D: Society and Space* 23, no. 6 (2005): 851–81.

Dodge, Martin, and Rob Kitchin. *Code/Space: Software and Everyday Life*. Cambridge, MA: MIT Press, 2011.

Dwoskin, Elizabeth, Jeanne Whalen, and Regine Cabato. "Content Moderators at YouTube, Facebook and Twitter See the Worst of the Web." *Washington Post*, July 25, 2019. https://www.washingtonpost.com/technology/2019/07/25/social-media-companies-are-outsourcing-their-dirty-work-philippines-generation-workers-is-paying-price/.

Dyer-Witheford, Nick. *Cyber-Marx: Cycles and Circuits of Struggle in High-Technology Capitalism*. Urbana: University of Illinois Press, 1999.

Dyer-Witheford, Nick. *Cyber-Proletariat: Global Labour in the Digital Vortex*. London: Pluto Press, 2015.

Dyer-Witheford, Nick. "Empire, Immaterial Labor, the New Combinations, and the Global Worker." *Rethinking Marxism* 13, no. 3–4

(2001): 70–80.

Dyer-Witheford, Nick, and Greig de Peuter. *Games of Empire: Global Capitalism and Video Games*. Minneapolis: University of Minnesota Press, 2009.

Dyer-Witheford, Nick, and Greig de Peuter. "Postscript: Gaming While Empire Burns." *Games and Culture* 16, no. 3 (2020): 371–80.

Easterling, Keller. *Extrastatecraft: The Power of Infrastructure Space*. London: Verso, 2014.

Economist, The. 2015. "Digital Taylorism. A Modern Version of 'Scientific Management' Threatens to Dehumanise the Workplace." *The Economist*, September 10, 2015. https://www.economist.com/business/2015/09/10/digital-taylorism.

Elegant, Naomi Xu. "The Internet Cloud Has a Dirty Secret." *Fortune*, September 18, 2019. https://fortune.com/2019/09/18/internet-cloud-server-data-center-energy-consumption-renewable-coal/.

Fang, Lee. "Google Hired Gig Economy Workers to Improve Artificial Intelligence in Controversial Drone Targeting Project." *The Intercept*, February 4, 2019. https://theintercept.com/2019/02/04/google-ai-project-maven-figure-eight/.

Frank, Michael. "How Telematics Has Completely Revolutionized the Management of Fleet Vehicles." *Entrepreneur Europe*, October 20, 2014. https://www.entrepreneur.com/article/237453.

Freeman, Joshua B. *Behemoth: A History of the Factory and the Making of the Modern World*. New York: W. W. Norton, 2018.

Fuchs, Christian. *Digital Labor and Karl Marx*. New York: Routledge,

2014.

Fuller, Matthew, ed. *Software Studies: A Lexicon*. Cambridge, MA: MIT Press, 2008.

Fuller, Matthew, and Andrew Goffey. *Evil Media*. Cambridge, MA: MIT Press, 2012.

Gabrys, Jennifer. *Digital Rubbish: A Natural History of Electronics*. Ann Arbor: University of Michigan Press, 2013.

Gerlitz, Carolin, and Anne Helmond. "The Like Economy: Social Buttons and the Data-Intensive Web." *New Media & Society* 15, no. 8 (2013): 1348–65.

Gilbert, David. "Facebook Is Forcing Its Moderators to Log Every Second of Their Days–Even in the Bathroom." *Vice*, January 9, 2020. https:// www.vice.com/en/article/z3beea/facebook-moderators-lawsuit-ptsd-trauma-tracking-bathroom-breaks.

Glanz, James. "Power, Pollution and the Internet." *New York Times*, September 22, 2012. http://www.nytimes.com/2012/09/23/technology/data-centers-waste-vast-amounts-of-energy-belying-industry-image. html.

Gorißen, Stefan. "Fabrik." In *Enzoklpädie der Neuzeit, Bd. 3*, edited by Friedrich Jaeger, 740–47. Stuttgart: J. B. Metzler, 2006.

Graham, Mark, and Mohammad Anwar. "The Global Gig Economy: Towards a Planetary Labour Market?" *First Monday* 24, no. 4 (2019).

Graham, Mark, Isis Hjorth, and Vili Lehdonvirta. "Digital Labour and Development: Impacts of Global Digital Labour Platforms and the Gig Economy on Worker Livelihoods." *Transfer: European Review of Labour and*

Research 23, no. 2 (2017): 135–62.

Graham, Mark, and Laura Mann. "Imagining a Silicon Savannah? Technological and Conceptual Connectivity in Kenya's BPO and Software Development Sectors." *Electronic Journal of Information Systems in Developing Countries* 56, no. 1 (2013): 1–19.

Grassegger, Hannes, and Till Krause. "Im Netz des Bösen." *Süddeutsche Zeitung Magazin*, December 15, 2016. http://www.sueddeutsche.de/digital/ inside-facebook-im-netz-des-boesen-1.3295206.

Gray, Mary L., and Siddharth Suri. *Ghost Work: How to Stop Silicon Valley from Building a New Global Underclass.* Boston: Houghton Mifflin in Harcourt, 2019.

Greenpeace. *Make IT Green. Cloud Computing and its Contribution to Climate Change.* Amsterdam: Greenpeace International, 2010.

Grier, David A. *When Computers Were Human.* Princeton, NJ: Princeton University Press, 2013.

Guth, Robert A., and Nick Wingfifi eld. "Workers at EA Claim They Are Owed Overtime." *Wall Street Journal*, November 19, 2004. https://www.wsj. com/articles/SB110081756477478548.

Hardt, Michael, and Antonio Negri. *Empire.* Cambridge, MA: Harvard University Press, 2000.

Harney, Stefano, and Fred Moten. *The Undercommons: Fugitive Planning and Black Study.* New York: Minor Compositions, 2013.

Harvey, David. *Spaces of Capital: Towards a Critical Geography.* New York: Routledge, 2001.

Head, Simon. *Mindless: Why Smarter Machines Are Making Dumber*

Humans. New York: Basic Books, 2014.

Head, Simon. *The New Ruthless Economy: Work and Power in the Digital Age*. New York: Oxford University Press, 2005.

Heeks, Richard. "Current Analysis and Future Research Agenda on 'Gold Farming': Real-World Production in Developing Countries for the Virtual Economies of Online Games." Development Informatics Working Paper. Manchester: Institute for Development Policy and Management, 2008.

Heeks, Richard. "Decent Work and the Digital Gig Economy: A Developing Country Perspective on Employment Impacts and Standards in Online Outsourcing, Crowdwork, Etc." Development Informatics Working Paper. Manchester: Institute for Development Policy and Management, 2017.

Heeks, Richard. "How Many Platform Workers Are There in the Global South?" *ICTs for Development*, January 29, 2019. https://ict4dblog.wordpress.com/2019/01/29/how-many-platform-workers-are-there-in-the-global-south/.

Heeks, Richard. "Understanding 'Gold Farming' and Real-Money Trading as the Intersection of Real and Virtual Economies." *Journal for Virtual Worlds Research* 2, no. 4 (2009): 1–27.

Helmond, Anne, David B. Nieborg, and Fernando N. van der Vlist. "Facebook's Evolution: Development of a Platform-as-Infrastructure." *Internet Histories* 3, no. 2 (2019): 123–46.

Holmes, Brian. "Do Containers Dream of Electric People? The Social Form of Just-in-Time Production." *Open*, no. 21 (2011): 30–44.

Hu, Tung-Hui. *A Prehistory of the Cloud*. Cambridge, MA: MIT Press, 2015.

Huifeng, He. "Chinese 'Farmers' Strike Cyber Gold." *South China*

Morning Post, October 25, 2005. https://www.scmp.com/node/521571.

Hürtgen, Stefanie, Boy Lüthje, Wilhelm Schumm, and Martina Sproll. *Von Silicon Valley nach Shenzhen: Globale Produktion und Arbeit in der IT-Industrie*. Hamburg: VSA, 2009.

Huws, Ursula. *Labor in the Global Digital Economy: The Cybertariat Comes of Age*. New York: Monthly Review Press, 2014.

Huws, Ursula. "Logged Labour: A New Paradigm of Work Organisation?" *Work Organisation, Labour and Globalisation* 10, no. 1 (2016): 7–26.

Huws, Ursula. *The Making of a Cybertariat: Virtual Work in a Real World*. New York: Monthly Review Press, 2003.

Huws, Ursula, Neil Spencer, Matthew Coates, Dag Sverre Syrdal, and Kaire Holts. *The Platformisation Of Work in Europe: Results from Research in 13 European Countries*. Brussels: Foundation for European Progressive Studies (FEPS), 2019.

Irani, Lilly. "Difference and Dependence among Digital Workers: The Case of Amazon Mechanical Turk." *South Atlantic Quarterly* 114, no. 1 (2015): 225–34.

Irani, Lilly. "Justice for 'Data Janitors.'" *Public Books*, January 15, 2015. http://www.publicbooks.org/justice-for-data-janitors/.

Jacobs, Harrison. "Inside 'iPhone City,' the Massive Chinese Factory Town Where Half of the World's iPhones Are Produced." *Business Insider*, May 7, 2018. https://www.businessinsider.com/apple-iphone-factory-foxconn-china-photos-tour-2018-5.

Jones, Nicola. "How to Stop Data Centres from Gobbling up the World's Electricity." *Nature*, September 12, 2018. https://www.nature.com/articles/

d41586-018-06610-y.

Kaplan, Esther. "The Spy Who Fired Me." *Harper's*, March 2015. http:// harpers.org/archive/2015/03/the-spy-who-fi red-me/2/.

Kitchin, Rob. "Thinking Critically about and Researching Algorithms." *Information, Communication & Society* 20, no. 1 (2017): 14–29.

Kline, Stephen, Nick Dyer-Witheford, and Greig De Peuter. *Digital Play: The Interaction of Technology, Culture and Marketing*. Montreal: McGill– Queen's University Press, 2003.

Koebler, Jason, and Joseph Cox. "The Impossible Job: Inside Facebook's Struggle to Moderate Two Billion People." *Vice*, August 23, 2018. https://www. vice.com/en _us/article/xwk9zd/how-facebook-content-moderation-works.

Kucklick, Christoph. "SMS-Adler." *Brandeins*, no. 4 (2011): 26–34.

Kuek, Siou Chew, Cecilia Paradi-Guilford, Toks Fayomi, Saori Imaizumi, Panos Ipeirotis, Patricia Pina, and Manpreet Singh. *The Global Opportunity in Online Outsourcing*. Washington, DC: World Bank, 2015.

Lazzarato, Maurizio. "Immaterial Labour." In *Radical Thought in Italy: A Potential Politics*, edited by Paulo Virno and Michael Hardt, 133–47. Minneapolis: University of Minnesota Press, 1996.

LeCavalier, Jesse. *The Rule of Logistics: Walmart and the Architecture of Fulfillment*. Minneapolis: University of Minnesota Press, 2016.

Lecher, Colin. "How Amazon Automatically Tracks and Fires Warehouse Workers for 'Productivity'." *The Verge*, April 25, 2019. https://www. theverge.com/2019/4/25/18516004/amazon-warehouse-fulfillment-centers- productivity-firing-terminations.

Lichtenstein, Nelson. *The Retail Revolution: How Walmart Created a*

Brave New World of Business. New York: Picador, 2009.

Light, Jennifer S. "When Computers Were Women." *Technology and Culture* 40, no. 3 (1999): 455–83.

Loomis, Carol J. "The Sinking of Bethlehem Steel." *Fortune*, April 5, 2004. http://archive.fortune.com/magazines/fortune/fortune _ archive/2004/04/05/366339/index.htm.

Lund, John, and Christopher Wright. "State Regulation and the New Taylorism: The Case of Australian Grocery Warehousing." *Relations Industrielles/Industrial Relations* 56, no. 4 (2001): 747–69.

Lüthje, Boy. *Standort Silicon Valley: Ökonomie und Politik der vernetzten Massenproduktion*. Frankfurt am Main: Campus, 2001.

Lyster, Claire. *Learning from Logistics: How Networks Change our Cities*. Basel: Birkhäuser, 2016.

Marx, Karl. *Capital: A Critique of Political Economy*. Vol 1. London: Penguin, 2004.

Marx, Karl. *Capital: A Critique of Political Economy*. Vol 2. London: Penguin, 1992.

Marx, Karl. *Grundrisse: Foundations of the Critique of Political Economy*. London: Penguin, 2005.

Matuschek, Ingo, Kathrin Arnold, and Günther G. Voß. *Subjektivierte Taylorisierung*. Munich: Rainer Hampp, 2007.

Mezzadra, Sandro. "The Gaze of Autonomy: Capitalism, Migration, and Social Struggles." In *The Contested Politics of Mobility: Borderzones and Irregularity*, edited by Vicki Squire, 121–42. London: Routledge, 2011.

Mezzadra, Sandro, and Brett Neilson. *Border as Method, or, the*

Multiplication of Labor. Durham, NC: Duke University Press, 2013.

Mezzadra, Sandro, and Brett Neilson. *The Politics of Operations: Excavating Contemporary Capitalism.* Durham, NC: Duke University Press, 2019.

Mitchell, Mariah. "I Deliver Your Food. Don't I Deserve Basic Protections?" *New York Times*, March 17, 2020. https://www.nytimes.com/2020/03/17/opinion/coronavirus-food-delivery-workers.html.

Moore, Jason W., ed. *Anthropocene or Capitalocene?: Nature, History, and the Crisis of Capitalism.* Oakland, CA: PM Press, 2016.

Moore, Jason W. *Capitalism in the Web of Life: Ecology and the Accumulation of Capital.* London: Verso, 2015.

Mosco, Vincent. *To the Cloud: Big Data in a Turbulent World.* Boulder, CO: Paradigm, 2015.

Nachtwey, Oliver, and Philipp Staab. "Die Avantgarde des Digitalen Kapitalismus." *Mittelweg* 36, no. 6 (December 2015–January 2016): 59–84.

Nakamura, Lisa. "Don't Hate the Player, Hate the Game: The Racialization of Labor in World of Warcraft." *Critical Studies in Media Communication* 26, no. 2 (2009): 128–44.

Nechushtai, Efrat. "Could Digital Platforms Capture the Media through Infrastructure?" *Journalism* 19, no. 8 (2018): 1043–58.

Negri, Antonio. *Goodbye Mr. Socialism. In Conversation with Raf Valvola Scelsi.* New York: Seven Stories Press, 2008.

Neilson, Brett, and Tanya Notley. "Data Centres as Logistical Facilities: Singapore and the Emergence of Production Topologies." *Work Organisation, Labour & Globalisation* 13, no. 1 (2019): 15–29.

Nelson, Benjamin. *Punched Cards to Bar Codes: A 200 Year Journey.*

Chicago: Helmers, 1997.

Newton, Casey. "The Terror Queue." *The Verge*, December 16, 2019. https://www.theverge.com/2019/12/16/21021005/google-youtube-moderators-ptsd-accenture-violent-disturbing-content-interviews-video.

Ngai, Pun. *Migrant Labor in China*. Cambridge: Polity, 2016.

Ngai, Pun, and Ralf Ruckus. *iSlaves: Ausbeutung und Widerstand in Chinas FoxconnFabriken*. Vienna: Mandelbaum, 2013.

Nieborg, David B, and Anne Helmond. "The Political Economy of Facebook's Platformization in the Mobile Ecosystem: Facebook Messenger as a Platform Instance." *Media, Culture & Society* 41, no. 2 (2019): 196–218.

Noble, David. *Digital Diploma Mills: The Automation of Higher Education*. New York: Monthly Review Press, 2003.

O'Connor, Sarah. "Amazon Unpacked." *Financial Times*, February 8, 2013. https://www.ft.com/content/ed6a985c-70bd-11e2–85d0–00144feab49a.

Parikka, Jussi. "Cultural Techniques of Cognitive Capitalism: Metaprogramming and the Labour of Code." *Cultural Studies Review* 20, no. 1 (2014): 30–52.

Parisi, Luciana. *Contagious Architecture: Computation, Aesthetics, and Space*. Cambridge, MA: MIT Press, 2013.

Parks, Lisa, and James Schwoch, eds. *Down to Earth: Satellite Technologies, Industries, and Cultures*. New Brunswick, NJ: Rutgers University Press, 2012.

Parks, Lisa, and Nicole Starosielski. *Signal Traffic: Critical Studies of Media Infrastructures*. Urbana: University of Illinois Press, 2015.

Pasquinelli, Matteo. "Google's PageRank Algorithm: A Diagram of the

Cognitive Capitalism and the Rentier of the Common Intellect." In *Deep Search*, edited by Felix Stalder and Konrad Becker, 152–62. Innsbruck: Studienverlag, 2009.

Pellow, David N., and Lisa Sun-Hee Park. *The Silicon Valley of Dreams: Environmental Injustice, Immigrant Workers, and the High-Tech Global Economy*. New York: New York University Press, 2002.

Pias, Claus. "Computer Spiel Welten." PhD diss., Bauhaus-Universität Weimar, 2000.

Punsmann, Burcu Gültekin. "Three Months in Hell." *Süddeutsche Zeitung Magazin*, January 6, 2018. https://sz-magazin.sueddeutsche.de/internet/three-months-in-hell-84381.

Puzder, Andy. "The Minimum Wage Should Be Called the Robot Employment Act." *Wall Street Journal*, April 3, 2017. https://www.wsj.com/articles/the-minimum-wage-should-be-called-the-robot-employment-act-1491261644.

Raffetseder, Eva-Maria, Simon Schaupp, and Philipp Staab. "Kybernetik und Kontrolle. Algorithmische Arbeitssteuerung und Betriebliche Herrschaft." *PROKLA. Zeitschrift für kritische Sozialwissenschaft* 47, no. 2 (2017): 229–48.

Reifer, Thomas. "Unlocking the Black Box of Globalization." Paper presented at The Travelling Box: Containers as the Global Icon of our Era, University of California, Santa Barbara, November 8–10, 2007.

Rettberg, Scott. "Corporate Ideology in World of Warcraft." In *Digital Culture, Play, and Identity. A World of Warcraft Reader*, edited by Hilde G. Corneliussen and Jill W. Rettberg, 19–38. Cambridge, MA: MIT Press, 2008.

Reuter, Markus, Ingo Dachwitz, Alexander Fanta, and Markus Beckedahl.

"Exklusiver Einblick: So funktionieren Facebooks Moderationszentren." *Netzpolitik*, April 5, 2019. https://netzpolitik.org/2019/exklusiver-einblick-so-funktionieren-facebooks-moderationszentren/.

Roberts, Sarah T. *Behind the Screen: Content Moderation in the Shadows of Social Media*. New Haven, CT: Yale University Press, 2019.

Roberts, Sarah T. "Digital Refuse: Canadian Garbage, Commercial Content Moderation and the Global Circulation of Social Media's Waste." *Media Studies Publications* 10 (2016). https://ir.lib.uwo.ca/cgi/viewcontent. cgi ?article = 1014 & context = commpub/.

Rossiter, Ned. *Software, Infrastructure, Labor: A Media Theory of Logistical Nightmares*. New York: Routledge, 2016.

Rudacille, Deborah. "In Baltimore, Visions of Life after Steel." *CityLab*, May 15, 2019. https://www.citylab.com/life/2019/05/bethlehem-steel-mill-photos-sparrows-point-dundalk-baltimore/589465/.

Ruffifi no, Paolo, and Jamie Woodcock. "Game Workers and the Empire: Unionisation in the UK Video Game Industry." *Games and Culture* 16, no. 3 (2020): 317–28.

Sadowski, Jathan. "Cyberspace and Cityscapes: On the Emergence of Platform Urbanism." *Urban Geography* 41, no. 3 (2020): 448–52.

Satariano, Adam. "How the Internet Travels across Oceans." *New York Times*, March 10, 2019. https://www.nytimes.com/interactive/2019/03/10 / technology/internet-cables-oceans.html.

Schmidt, Florian A. *Crowdproduktion von Trainingsdaten: Zur Rolle von OnlineArbeit beim Trainieren autonomer Fahrzeuge*. Düsseldorf: Hans-BöcklerStiftung, 2019.

Scholz, Trebor, ed. *Digital Labor: The Internet as Playground and Factory*. New York: Routledge, 2013.

Scholz, Trebor, and Nathan Schneider, eds. *Ours to Hack and to Own: The Rise of Platform Cooperativism, a New Vision for the Future of Work and a Fairer Internet*. New York: OR Books, 2016.

Sekula, Allan. *Fish Story*. Düsseldorf: Richter, 2002.

Shane, Scott. "Prime Mover: How Amazon Wove Itself into the Life of an American City." *New York Times*, November 30, 2019. https://www.nytimes.com /2019/11/30/business/amazon-baltimore.html.

Silberman, M. Six, and Lilly Irani. "Operating an Employer Reputation System: Lessons from Turkopticon, 2008–2015." *Comparative Labor Law & Policy Journal* 37, no. 3 (2016): 505–41.

Smith, Rebecca, Paul Alexander Marvy, and Jon Zerolnick. *The Big Rig Overhaul. Restoring Middle-Class Jobs at America's Ports through Labor Law Enforcement*. New York: National Employment Law Project, 2014.

Staab, Philipp. *Digitaler Kapitalismus: Markt und Herrschaft in der Ökonomie der Unknappheit*. Berlin: Suhrkamp, 2019.

Starosielski, Nicole. *The Undersea Network*. Durham, NC: Duke University Press, 2015.

Statt, Nick, Casey Newton, and Zoe Schiffer. "Facebook Moderators at Accenture Are Being Forced Back to the Office, and Many Are Scared for Their Safety." *The Verge*, October 1, 2020. https://www.theverge.com/2020 /10/1/21497789/ facebook-content-moderators-accenture-return-office-coronavirus.

Taylor, Frederick W. *The Principles of Scientific Management*. New York: Cosimo, 2010. Originally published in 1911 by Harper and Brothers.

Terranova, Tiziana. "Free Labor: Producing Culture for the Digital Economy." *Social Text* 18, no. 2 (2000): 33–58.

Terranova, Tiziana. "Red Stack Attack! Algorithms, Capital, and the Automation of the Common." In *#Accelerate: The Accelerationist Reader*, edited by Robin Mackay and Armen Avanessian, 379–97. Falmouth, UK: Urbanomic, 2014.

Thompson, Paul, Rachel Parker, and Stephen Cox. "Interrogating Creative Theory and Creative Work: Inside the Games Studio." *Sociology* 50, no. 2 (2016): 316–32.

Thrift, Nigel. *Knowing Capitalism*. London: Sage, 2005.

Toscano, Alberto. "Factory, Territory, Metropolis, Empire." *Angelaki* 9, no. 2 (2004): 197–216.

Toscano, Alberto, and Jeff Kinkle. *Cartographies of the Absolute*. London: Zed Books.

Tronti, Mario. *Arbeiter und Kapital*. Frankfurt: Neue Kritik, 1974.

Tsing, Anna. "Supply Chains and the Human Condition." *Rethinking Marxism* 21, no. 2, (2009): 148–76.

Uhl, Karsten. "Work Spaces: From the Early-Modern Workshop to the Modern Factory Workshop and Factory." *European History Online (EGO)*. February 5, 2016. http://www.ieg-ego.eu/uhlk-2015-en.

Virno, Paolo. "General Intellect." *Historical Materialism* 15, no. 3 (2007): 3–8. Virno, Paolo. *A Grammar of the Multitude: For an Analysis of Contemporary Forms of Life*. Los Angeles: Semiotext(e), 2004.

Wallace, Rob. *Dead Epidemiologists: On the Origins of Covid-19*. New York: Monthly Review Press, 2020.

Williams, Ian. "'You Can Sleep Here All Night': Video Games and Labor." *Jacobin*, November 8, 2013. https://jacobinmag.com/2013/11/video-game-industry/.

Woodcock, Jamie. "The Work of Play: Marx and the Video Games Industry in the United Kingdom." *Journal of Gaming & Virtual Worlds* 8, no. 2 (2016): 131–43.

Woodcock, Jamie, and Mark Graham. *The Gig Economy: A Critical Introduction*. Cambridge: Polity, 2019.

致谢

这个项目花费了我多年的时间。我要感谢的人有很多，没有他们，这一切就不可能实现。许多团体和个人都曾给予我鼓励和批评，还与我展开过合作与讨论，给予了我多种形式的支持与友谊。我想向这些人表示深切的感谢：法比安·奥滕立德（Fabian Altenried）、弗朗茨·海福乐（Franz Hefele）、茱莉亚·杜克（Julia Dück）、鲁伊莎·普劳斯（Louisa Prause）、玛努艾拉·博佳德吉耶夫（Manuela Bojadžijev）、玛丽安娜·舒特（Mariana Schütt）、米拉·沃利斯（Mira Wallis）、莫尔顿·保罗（Morten Paul）、萨布丽娜·阿皮赛拉（Sabrina Apicella）、萨米拉·斯帕切科（Samira Spatzek）、希比利·梅尔茨（Sibille Merz）、斯文尼亚·布隆贝格（Svenja Bromberg）、特蕾莎·哈特曼（Theresa Hartmann）、乌尔丽克·奥滕立德（Ulrike Altenried）、韦丽娜·纳姆伯格（Verena Namberger）等。

这项研究起源于我在伦敦大学金史密斯学院的经历。我要感谢斯科特·拉什（Scott Lash）和阿尔贝托·托斯卡诺（Alberto Toscano）对我的支持，还有蒂奇亚娜·泰拉诺瓦

273

（Tiziana Terranova）和马泰奥·曼德里尼（Matteo Mandarini）、亚里·兰茨（Yari Lanci）、卢恰娜·帕里西（Luciana Parisi）等人让我在金史密斯学院的时光变成了难忘的回忆。如果没有罗莎·卢森堡基金会、金史密斯和玛丽女王学院 ESRC 博士培训中心的资助，我的工作是不可能完成的。

　　在伦敦、柏林、吕内堡等地的集体研究和讨论也推动了这个项目。我要特别感谢桑德罗·梅扎德拉（Sandro Mezzadra）、布雷特·尼尔森（Brett Neilson）和奈德·罗斯特（Ned Rossiter）。他们以各种形式的合作丰富了这个项目的内容。与他们和其他人的重要合作包括"物流与扩大边界调查"（Investigating Logistics and Expanding the Margins）暑假班、柏林洪堡大学"流动性劳动的政治与基础设施"（Politics and Infrastructures of Mobile Labor）项目。其他以知识的集体生产为目的的项目包括金史密斯学院的"政府危机公关与批评"阅读小组及会议。重要的新项目和集体努力包括与玛努艾拉·博佳德吉耶夫（Manuela Bojadžijev）和米拉·沃利斯（Mira Wallis）合作的"劳动力与移民数字化"（Digitalisation of Labour and Migration）项目，以及和其他团队成员的项目。

　　我要特别感谢芝加哥大学出版社的伊丽莎白·布兰奇·戴森（Elizabeth Branch Dyson）对这个项目的热情，以及她在整个过程中给予我的亲切支持与指导。我还要感谢莫丽·迈克菲（Mollie McFee）在本书出版过程中的支持，以及两位匿名评论者的有益评价。

本书的一些章节和论点曾通过其他渠道发表。"物流对全球资本主义的影响"曾部分发表在法国杂志《时代》（*Période*）中。一些针对"最后一英里"交付服务的思考曾发表在"工作组织、劳动力与全球化"（*Work Organization, Labour & Globalization*）杂志中。本书第 3 章的一部分摘自与玛努艾拉·博佳德吉耶夫合著的文章。本书第 4 章的一部分论述曾出现在期刊《普拉克拉》（*Prokla*）和《资本与阶级》（*Capital & Class*）中（参阅 Altenried, "Le container et l'algorithme," "Die Plattform als Fabrik," "On the Last Mile," and "The Platform as Factory"；以及 Altenried and Bojadžijev, "Virtual Migration, Racism and the Multi- plication of Labour"）。

最后，我要感谢工人、行业工会会员、社会活动家和其他受访者所付出的时间——谨望此书能对他们有所回报。